Gan obeithio y daw hwn i fewn
yn handi tua'r wlad bell na!

<u>Coginio gyda Dudley</u>

lols
xx
08/06

GW00722571

I Peggy
am yr holl gefnogaeth gefais i

Diolch yn arbennig i Bill am ei anogaeth yntau
ar hyd y blynyddoedd; heb help y ddau ohonyn nhw,
does dim dal beth fydden i'n wneud nawr!
Diolch hefyd i Nia, Cadi a Rhys
am fod mor amyneddgar.

Argraffiad cyntaf: 1996
Ail argraffiad (clawr meddal): 2000

Ffotograffydd: Marian Delyth
Cynllunydd bwyd: Kate Scale

Rhif Llyfr Rhyngwladol: 0 86243 546 3

Argraffwyd a chyhoeddwyd yng Nghymru
gan Y Lolfa Cyf., Talybont, Ceredigion SY24 5AP
e-bost ylolfa@ylolfa.com
y we www.ylolfa.com
ffôn (01970) 832 304
ffacs 832 782
isdn 832 813

Coginio
gyda Dudley

DUDLEY NEWBERY

Cyhoeddwyd gyda chydweithrediad S4C

Cegin Cymru, Uned 13, Clos Pencarreg, Aberaeron SA46 0AZ; *ffôn* 01545 570460.

Cegin Cymru, Siop Gwalia, Amgueddfa Werin Cymru, Sain Ffagan, Caerdydd
CF5 6XB; *ffôn* 01222 577018

Cynnwys

	Tud
Rhagair	8
Tymheredd coginio	9
Unedau mesur	10

Ryseitiau Sylfaenol
Pasta Wy	12
Crwst Brau	13
Crwst Brau Melys	14
Bara Soda Gwyddelig	15
Stwffin	16
Saws Ceirios y Wern	17
Saws Brandi	18
Marinâd ar gyfer Barbeciw	19

Byrbryd
Tatws Rösti	22
Brechdan Euraid Caws a Winwns	23
Caws Pobi	24
Samosas	26
Risol Corn-bîff a Thatws Melys	27
Tro-ffrio: Pryd i Un	28
Tatws mewn Saws Tomato Poeth	29

Cawl a Chwrs Cyntaf
Cawl Madarch	32
Cawl Llysiau Cymysg	34
Cawl Seleri, Cennin a Thatws	35
Pâté	36
Pâté Mecryll wedi'u Pobi	38
Crudités a Dip Iogwrt	39
Madarch mewn Saws Garlleg	40
Eog wedi'i Biclo	42
Castell Melon a Ham Bayonne	43
Coron Melon	44
Madarch a Winwns mewn Sieri	46

Pysgod a Bwyd Môr

Eog mewn Saws Oren a Tharagon	48
Cegddu wedi'i Farinadu	50
Stribedi Corbenfras	51
Penfras a Thatws wedi'u Pobi	52
Cegddu *Provençale*	54
Ysbinbysg a Saws Medd	56
Mecryll Llŷn	57
Corgimwch Pendefig	58
Moules Marinières	60

Cig

Cig Oen Tyddewi	64
Cawl	66
Kleftico Exohiko	67
Cig Oen a Rhosmari	68
Cebab Cig Oen	70
Golwython Porc	71
Stroganoff Porc	72
Porc gyda Chig Moch wedi'i Fygu	73
Ham Melys gyda Saws Eirin Gwlanog	74
Chilli Con Carne	76
Steak Chasseur	77
Beef Wellington	78
Stecen Estrys	80
Cyrri	81
Steak au Poivre	82
Cyw Iâr Barbados	84
Cyw Iâr gyda Leim a Choriander	86
Cyw Iâr gydag Afocado	88
Peli Twrci	90
Adenydd Cyw Iâr mewn Garlleg	92

Pasta a Reis

Lasagne Llysieuol	94
Pasta gyda Garlleg a Pherlysiau	95
Tagliatelle Carbonara	96
Paella	97
Pasta Carla	98

Llysiau a Bwyd Llysieuol

Salad Ffrengig 102
Salad Cesar 103
Cinio Dydd Sul Llysieuol 104
Fondue Caws 105
Moron Sgleiniog mewn Saws Oren 106
Cennin Hufennog a Chnau Almon 108
Bresych Coch mewn Saws Gwin 109
Tomatos Boliog 110
Tomatos a Sbigoglys 111

Pwdin

Pice ar y Maen 114
Byns y Grog 116
Pwdin Bara 117
Crêpes Suzettes 118
Parseli Nadolig 120
Crymbl Eirin Gwlanog 121
Roulade Briwfwyd Melys 122
Gâteau Pic-a-Mics Dudley 124
Gâteau Mille Feuilles 125
Sleisen Ffrwythau 126
Galette Cnau Ffrengig 128
Pwdin Banana a Rwm 129
Afalau o'r Alpau 130
Mefus mewn *Cointreau* a Hufen 132
Pwdin Mefus 133
Sorbet Cyflym Banana a Mafon 134
Ffrwythau Meddal a Chrwst Caramel 136
Hufen Iâ Mefus 137
Tiramisu 138
Hufen Iâ Marmalêd 140
Tryffl Siocled Cartref 141
Cnau Brasil a Thaffi Menyn 142

Geirfa 143

Rhagair

Fel y gwelwch, mi ddechreuais i goginio pan o'n i'n grwtyn ifanc iawn, dan adain Mam. Roeddwn i wrth fy modd yn helpu – neu o leia dyna beth oeddwn i'n feddwl ro'n i'n 'i wneud! Mi fydde Dad yn coginio llawer iawn hefyd, ac mae'n dal i wneud hyd heddiw. A deud y gwir, roedd ein tŷ ni fel tŷ pobi ers lawer dydd achos mi fydde 'na wastad alw am gyfraniad at rhywbeth neu'i gilydd yn y pentre. A fydden nhw byth yn cael eu siomi!

Diolch i anogaeth fy rhieni, felly, y cydiodd fy niddordeb mewn coginio ac mi ges i gefnogaeth hefyd yn Ysgol Rhydfelen, gan athrawon fel Marina James a Tom Vale.

Roedd hi'n beth hollol naturiol, rywsut, i mi ddechrau cyflwyno coginio i bobl eraill. Ro'n i wedi cael blynyddoedd o brofiad o weithio mewn sawl

gwahanol faes yn gysylltiedig â choginio ar ôl gadael y coleg, a minnau wrth fy modd yn cwrdd â phobl, cyfnewid syniadau, trafod ryseitiau ac ati. Cyfres radio *Pryd o Dafod* ddaeth i ddechrau ac yna ges i gynnig gwneud cyfres o eitemau coginio ar *Heno*. Ers hynny, rydw i wedi cyflwyno dwy gyfres deledu fy hun a bydd y drydedd yn cael ei darlledu yn y Flwyddyn Newydd.

Rwy'n credu mai'r un cyngor sydd gen i i bawb yma fel yn y rhaglenni teledu sef, mwynhewch eich coginio a pheidiwch â bod ofn addasu ryseitiau i'ch chwaeth eich hun. Gobeithio bod hwn yn gasgliad o ryseitiau blasus, di-ffys – does dim angen treulio oriau yn y gegin yn eu paratoi rwy'n addo! Ond gobeithio yn fwy na dim y bydd y ryseitiau yma yn eich sbarduno i greu eich prydau blasus, unigryw eich hunain; cofiwch mai prif gyngor Dudley yw MENTRWCH!

DUDLEY NEWBERY
Hydref 1996

Tymheredd trydan/nwy i goginio

Cofiwch fod angen gadael i'r ffwrn gynhesu am 10-15 munud (yn dibynnu ar eich popty) cyn dechrau coginio'r seigiau.

	Nwy	Gradd 'C'	Gradd 'F'
Oer	¼	110	225
	½	120	250
Cymharol oer	1	140	275
	2	150	300
Cymedrol	3	160	325
	4	180	350
Cynnes	5	190	375
	6	200	400
Poeth	7	220	425
	8	230	450
Poeth iawn	9	240	475

Unedau mesur

Bras amcan yw'r tablau isod yn unig. Cofiwch beidio â chymysgu'r mesuriadau – dewisiwch y naill system neu'r llall. Oni nodir yn wahanol, llwyaid lefel a ddefnyddir yn y ryseitiau. 15ml yw un llwy fwrdd a 5ml yw un llwy de, gydag un mesur o alcohol yn cyfateb i 25ml. Yn ogystal, maint 2 yw'r wyau a ddefnyddir fel arfer.

Pwysau		Cyfaint		Mesuriadau	
½ owns	10 gram	2 owns hylifol	55 ml	¼″	5mm
¾	20	3	75	½″	1cm
1	25	5 (¼ peint)	150	¾″	2
1¾	40	½ peint	275	1	2.5
2	50	¾	425	1¼	3
2½	60	1	570	1½	4
3	75	1¼	725	1¾	4.5
4	110	1¾	1 litr	2	5
4½	125	2	1.2	2½	6
5	150	2½	1.5	3	7.5
6	175	4	2.25	3½	9
7	200			4	10
8	225			5	13
9	250			5¼	13.5
10	275			6	15
12	350			6½	16
1 pwys	450			7	18
1½	700			7½	19
2	900			8	20
3	1.35 kg			9	23

Ryseitiau Sylfaenol

Pasta Wy

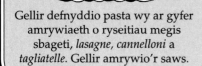

1 pwys/450g blawd plaen cryf
1 llwy de halen
4 wy mawr
1 llwy fwrdd olew olewydd

1. Rhidyllwch y blawd a'r halen i bowlen gymysgu.

2. Gwnewch bant yn y canol, a thorrwch yr wyau iddo gan ychwanegu'r olew olewydd.

3. Cymysgwch y cyfan yn dda.

4. Tylinwch y toes am 10-15 munud nes ei fod yn feddal a hyblyg.

5. Rhowch ef i'r naill ochr am awr, neu ei adael mewn oergell dros nos.

Gellir defnyddio pasta wy ar gyfer amrywiaeth o ryseitiau megis sbageti, *lasagne, cannelloni* a *tagliatelle*. Gellir amrywio'r saws.

Crwst Brau

1. Rhidyllwch y blawd a'r halen i bowlen gymysgu.

2. Ychwanegwch y menyn a'r lard a'u rhwbio i'r blawd â blaenau'r bysedd i greu cymysgedd sy'n debyg i friwsion bara.

3. Gwnewch bant yn y cymysgedd a thywalltwch y dŵr oer iddo ychydig ar y tro gan gymysgu'r cyfan â chyllell fwrdd i ffurfio pelen o does yng ngwaelod y bowlen.

4. Gafaelwch yn y belen does â'ch llaw a'i gwasgu'n ysgafn i wneud yn siŵr fod y cyfan yn glynu wrth ei gilydd yn iawn. Cofiwch, peidiwch â thylino gormod ar y toes neu bydd yn anodd i'w rolio ac efallai yn rhy galed ar ôl ei goginio.

8 owns/225g blawd plaen

pinsiaid halen

2 owns/50g lard

2 owns/50g menyn

2/3 llwy fwrdd dŵr oer

Mae'r crwst yma yn addas ar gyfer tarten ffrwythau neu saig sawrus megis pastai.

Crwst Brau Melys

9 owns/250g blawd plaen
4 owns/110g menyn
4 owns/110g siwgr eisin
pinsiaid halen
2 wy ar dymheredd ystafell

1. Rhowch y menyn, siwgr eisin a'r halen mewn powlen a'i weithio gyda'ch bysedd neu â llwy bren nes i'r cymysgedd feddalu a throi'n lliw hufen.

2. Ychwanegwch yr wyau a'u cymysgu ymhellach.

3. Yn raddol, ychwanegwch y blawd at y cymysgedd. Pan fydd yr holl gynhwysion wedi'u cymysgu'n dda, tylinwch y toes 2-3 gwaith â chledr eich llaw. Pan yw yn llyfn, rholiwch y toes yn belen, gwastatáu'r top ryw ychydig, a'i roi mewn haenen lynu neu fag polythen.

4. Gadewch i'r toes sefyll yn yr oergell am ychydig oriau: bydd yn haws ei drin pan ddowch i'w ddefnyddio.

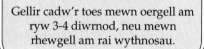

Gellir cadw'r toes mewn oergell am ryw 3-4 diwrnod, neu mewn rhewgell am rai wythnosau.

Bara Soda Gwyddelig

1. Cymysgwch y cynhwysion sych gyda'r llaeth.

2. Ffurfiwch does crwn a'i rannu yn drionglau.

3. Coginiwch y toes ar faen twym, neu am 30-45 munud yn y ffwrn: nwy 7, 425°F/220°C .

1 pwys/450g blawd plaen
(neu flawd plaen ynghyd â
blawd brown)

1½ llwy de halen

1 llwy de soda pobi

1 llwy de hufen tartar

1 peint/570 ml llaeth sur
neu laeth enwyn

I wneud Bara Soda melys
ychwanegwch 2 owns/25g o siwgr,
1 wy a 2 owns/25g o syltanas.

Stwffin

3 owns/75g menyn

1 winwnsyn wedi'i dorri'n fân

8 owns/75g briwsion bara

4 llwy fwrdd persli wedi'i
dorri'n fân

2 lwy fwrdd teim

halen a phupur

1. Toddwch y menyn mewn sosban a choginiwch y winwnsyn.

2. Ychwanegwch weddill y cynhwysion a'u cymysgu'n dda.

3. Gallwch roi'r stwffin mewn tun a'i goginio am 20 munud yn y ffwrn: nwy 4, 350°F/180°C. Gallwch hefyd ei siapio'n beli bach a'u rholio mewn blawd cyflawn cyn eu pobi am 10 munud yn y ffwrn: nwy 4, 350°F/180°C.

Saws Ceirios y Wern

1. Golchwch y ceirios.

2. Rhowch y cynhwysion i gyd mewn sosban a'u coginio am chwarter awr nes i'r ceirios ddechrau meddalu.

3. Gwnewch yn siŵr fod y saws yn lleihau a thewychu ychydig cyn ei arllwys i jar.

4. Gadewch i oeri.

1 pwys/450g ceirios y wern ffres
6 owns hylifol/75 ml dŵr
3 llwy fwrdd siwgr mân
5 owns hylifol/150 ml port

Gellir ychwanegu croen oren wedi'i dorri'n stribedi cyn coginio'r saws. Mae blas oren yn cyd-fynd i'r dim â blas ceirios y wern.

Cadwch y saws yn yr oergell a'i ddefnyddio yn ôl y galw.

Saws Brandi

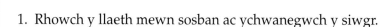

1 peint/570 ml llaeth
2½ lwy fwrdd siwgr
1 llwy bwdin blawd corn
2 lwy fwrdd dŵr
hufen dwbwl wedi'i guro
3-4 llwy fwrdd brandi

1. Rhowch y llaeth mewn sosban ac ychwanegwch y siwgr.

2. Gadewch iddo ferwi'n ysgafn ac yna trosglwyddwch ef i bowlen.

3. Cymysgwch y blawd corn a'r dŵr.

4. Gan gymryd gofal i droi'r cymysgedd yn y bowlen yn dda, ychwanegwch y blawd a'r dŵr ato fesul tipyn.

5. Ychwanegwch y brandi a thywalltwch y cyfan yn ôl i'r sosban a'i roi ar wres isel. Cofiwch, bydd gwres rhy uchel yn achosi i'r saws gydio yng ngwaelod y sosban a llosgi.

Marinâd ar gyfer Barbeciw

1. Rhowch unrhyw ddarnau o gig addas i farbeciw yn y marinâd dros nos.

2. Taniwch y barbeciw a choginio'r cig. Mae'n bwysig cofio y bydd y siwgr sydd yn y mêl a'r saws yn llosgi ar y barbeciw, felly cadwch lygad ar y bwyd wrth ei goginio.

3. Gweinwch efo salad.

Marinâd 1:

1 llwy fwrdd menyn cnau

2 lwy fwrdd olew sesame

saws tabasco neu olew chilli
(at eich dant: mae'r rhain
yn boeth iawn, felly byddwch
yn ofalus)

1 llwy fwrdd mêl

Marinâd 2:

2 lwy fwrdd picl chilli/relish

2 lwy fwrdd sôs coch

sudd 1 lemwn

4 llwy fwrdd olew

Marinâd 3 – ar gyfer cig oen:

1 llwy de rhosmari

1 llwy fwrdd mêl

1 llwy fwrdd mwstard
grawn cyflawn

1 llwy fwrdd saws soi

5 llwy fwrdd olew

Gellir defnyddio madarch neu bupur melys neu unrhyw lysiau o'ch dewis yn lle'r cig os ydych yn darparu barbeciw ar gyfer llysieuwyr.

Mae corn melys bach wedi'u coginio ar farbeciw yn flasus iawn. Rhowch nhw mewn ffoil efo ychydig o olew, halen, pupur a llwyaid o fêl.

Byrbryd

Tatws Rösti

Digon i 4

1½ pwys/700g tatws
½ winwnsyn wedi'i dorri'n fân
3 sleisen cig moch
1 owns/25g menyn
2 lwy fwrdd persli
halen a phupur
olew olewydd ar gyfer coginio

1. Rhowch y tatws i ferwi yn eu crwyn a gadewch iddynt oeri cyn tynnu'r croen.

2. Gratiwch y tatws i bowlen ac ychwanegwch y winwns.

3. Ar ôl coginio'r cig moch, torrwch ef yn stribedi a'i ychwanegu at y tatws a'r winwns.

4. Torrwch y menyn yn dalpiau bach a'u hychwanegu at y cynhwysion eraill. Cymysgwch y cyfan.

5. Cynheswch y badell ffrio a rhowch ychydig o olew olewydd ynddi. Arllwyswch y cymysgedd iddi a'i wasgu ar waelod y badell.

6. Coginiwch am 15 munud ar wres cymedrol.

7. Gosodwch blât wyneb i waered ar ben y badell ffrio a throwch y tatws allan i'r plât gyda'r ochr sydd wedi'i choginio isaf.

8. Rhowch y badell wyneb i waered ar ben y tatws ar y plât a'i throi'n sydyn nes bod y tatws yn ôl yn y badell ffrio. Coginiwch yr ochr arall am 10-15 munud.

Brechdan Euraid Caws a Winwns

1. Rhowch y caws a'r winwns rhwng 2 dafell o fara a rhoi'r frechdan mewn dysgl fas.

2. Curwch yr wy ac ychwanegwch ato ychydig o bupur *Cayenne* a halen a phupur.

3. Tywalltwch yr wy dros y frechdan a gadael iddi sefyll ynddo am ryw 30 eiliad bob ochr.

4. Toddwch dalp o fenyn mewn padell ffrio gan ofalu nad yw'n llosgi, a choginiwch bob ochr i'r frechdan nes ei bod yn frown euraid.

---

2 dafell bara menyn

2 owns/50g caws Cheddar *cryf*

1 llwy fwrdd winwns wedi'u torri'n fân

1 wy

pinsiaid o bupur Cayenne

halen a phupur

menyn heb halen i goginio'r frechdan

Gallwch arbrofi gyda llenwad gwahanol i'r frechdan – megis ham a thomato, neu selsig a darnau tenau o binafal.

Cofiwch fod yn ofalus wrth droi'r frechdan yn y badell.

Caws Pobi

1 owns/25g menyn

½ owns/10g blawd plaen

¼ peint/150 ml llaeth

4 owns/110g caws **Cheddar** wedi'i gratio

1 melynwy

4 llwy fwrdd cwrw

1 llwy de saws Caerwrangon

½ llwy de mwstard cryf

pinsiaid o bupur **Cayenne**

halen a phupur

1. Toddwch y menyn mewn sosban. Ychwanegwch y blawd a chymysgu'r ddau'n dda uwchben gwrcs canolig am 2 funud.

2. Gan ddal i droi'r cymysgedd ychwanegwch y llaeth fesul tipyn.

3. Ychwanegwch y caws a choginiwch ar wres isel nes i'r caws doddi yn y saws.

4. Ychwanegwch y melynwy a chymysgwch ef yn dda i'r cymysgedd.

5. Ychwanegwch y cwrw a gweddill y cynhwysion a'u cymysgu. Gadewch i'r cyfan oeri.

6. Pan fyddwch yn barod i'w ddefnyddio taenwch y cymysgedd – a digon ohono – ar dost ac arno fenyn yn barod.

7. Coginiwch ef o dan y gridyll am 5-10 munud.

Samosas

4 llwy fwrdd olew llysiau

1 winwnsyn wedi'i dorri'n fân

1 llwy fwrdd o sinsir ffres heb y croen wedi'i gratio

1 chilli *gwyrdd* heb yr hadau wedi'i dorri'n fân

6 owns/75g pys ffres neu wedi rhewi

1 pwys 10 owns/725g tatws wedi'u berwi

2 lwy fwrdd sudd lemwn

1 llwy de garam masala

¼ llwy de pupur Cayenne

1 llwy de coriander

1 llwy de hadau cwmin wedi'u malu

1½ llwy de halen

2 lwy fwrdd dail coriander ffres wedi'u torri'n fân

Cynhwysion y toes:

½ pwys/225g blawd plaen

4 llwy fwrdd olew

4 llwy fwrdd dŵr

½ llwy fwrdd halen

olew ar gyfer ffrio'r samosas

1. Cynheswch yr olew mewn padell ffrio a ffriwch y winwnsyn, sinsir a'r *chilli* nes eu bod yn feddal.

2. Coginiwch y pys am ryw 4 munud.

3. Torrwch y tatws yn sgwariau bach ac yna eu hychwanegu, ynghyd â'r pys, at y cynhwysion yn y badell ffrio. Ychwanegwch y perlysiau a chymysgwch y cyfan gyda'i gilydd.

4. Coginiwch am 15-20 munud a gadewch i oeri.

5. Arllwyswch y blawd i bowlen ac ychwanegwch y dŵr, olew, a'r halen ato gan eu cymysgu'n dda â llwy.

6. Gadewch i'r toes sefyll mewn bag polythen am ½ awr cyn ei drin.

7. Torrwch y toes yn 8 darn bach a chan gadw'r cyfan mewn dysgl gyda lliain tamp drosti, cymerwch un darn o does ar y tro a'i siapio'n bêl fach.

8. Rholiwch y belen yn gylch 7 modfedd a'i dorri'n hanner.

9. Plygwch yr hanner hwnnw yn ei hanner i greu siâp côn gan lynu ochrau'r toes efo'i gilydd.

10. Rhowch lwyaid o'r cymysgedd llysiau yn y côn a thynnwch dop y côn at ei gilydd er mwyn ei selio'n barsel taclus.

11. Coginiwch y parsel mewn olew dwfn am ychydig funudau nes i'r toes ddechrau troi'n frown.

Risol Corn-bîff a Thatws Melys

1. Mewn powlen fawr torrwch y corn-bîff yn ddarnau bach.

2. Ychwanegwch weddill y cynhwysion a'u cymysgu'n dda â dwy lwy neu, os yw hi'n well gennych, â'ch dwylo.

3. Siapiwch y cymysgedd yn beli bach.

4. Gorchuddiwch y peli â blawd cyn eu rhoi yn ofalus, fesul un, yn yr wyau wedi'u curo'n dda.

5. Gorchuddiwch y cyfan â briwsion bara.

6. Coginiwch y peli am rhyw 5-7 munud mewn olew dwfn; defnyddiwch sosban sglodion os yn bosib.

Digon i 4-5

1 tun mawr corn-bîff

1 pwys/450g tatws melys

½ winwnsyn wedi'i dorri'n fân

1 genhinen fach wedi'i thorri'n fân

2 ewin garlleg wedi'u torri'n fân

½ chilli wedi'i dorri'n fân

1 llwy fwrdd pine kernels

2 lwy de cwmin mâl

2 lwy fwrdd dail coriander wedi'u torri'n fân

1 llwy de sinsir ffres wedi'i gratio

halen a phupur

1 cwpanaid blawd plaen

2 wy wedi'u curo'n dda

½ torth briwsion bara

olew ar gyfer ffrio

Tro-ffrio: Pryd i Un

1 llwy fwrdd olew

½ owns/10g menyn

1 sleisen cig moch

1 ewin garlleg

1 owns/25g corn melys bach ffres
(neu o dun)

¼ pupur melys coch

1 coesyn seleri

2 owns/50g corgimychiaid

2 owns/50g cig cyw iâr

2 owns/50g ham

halen a phupur i flasu

1 llwy fwrdd o saws soi

1 llwy fwrdd piwrî tomato

reis wedi'i ferwi

Cadwch bopeth i symud yn gyflym yn y badell ffrio rhag i'r cynhwysion lynu wrthi.

Gofalwch beidio â gor-goginio'r cynhwysion.

Defnyddiwch wok os yn bosib, ond fe wnaiff padell neu sosban y tro hefyd.

1. Toddwch y menyn a'r olew mewn padell ffrio neu wok.

2. Ychwanegwch y cig moch a'r garlleg a'u ffrio nes iddynt ddechrau troi'n frown.

3. Ychwanegwch y corn melys, seleri a'r pupur coch a'u coginio am 1 funud.

4. Ychwanegwch y corgimychiaid, y cig cyw iâr a'r ham a chymysgwch yn dda.

5. Ychwanegwch yr halen, pupur a'r saws soi i roi blas i'r bwyd. Byddwch yn ofalus â'r saws soi – mae ambell un yn gryfach na'i gilydd.

6. Ychwanegwch y piwrî tomato a'r reis wedi'i ferwi.

7. Cymysgwch y cyfan yn dda gan wneud yn siŵr ei fod yn gynnes drwyddo cyn ei weini.

Tatws mewn Saws Tomato Poeth

1. Cynheswch yr olew mewn padell ffrio ddofn neu sosban a ffriwch yr hanner winwnsyn gyda'r perlysiau.

2. Ychwanegwch y sudd tomato a'r dŵr ac yna'r tatws.

3. Coginiwch y cyfan am ryw 20-30 munud neu nes bod y tatws wedi coginio.

Digon i 4

olew olewydd ar gyfer ffrio

½ winwnsyn wedi'i dorri'n fân

¼ llwy de pupur Cayenne

½ llwy de hadau cwmin

½ peint/250 ml sudd tomato

½ peint/250 ml dŵr

2 bwys/900g tatws newydd wedi'u crafu

Cawl a
Chwrs Cyntaf

Cawl Madarch

4 owns/110g menyn

1 winwnsyn wedi'i dorri

3 ewin garlleg (neu at eich dant)

1 modfedd/2.5 cm sinsir ffres wedi'i
gratio (neu sinsir mâl –
at eich dant)

2 bwys/900g madarch

halen a phupur

½ cwpanaid blawd plaen

2 beint/1.2 l stoc cyw iâr neu stoc
llysiau (defnyddiwch 2 giwb stoc)

½ peint/275 ml hufen dwbwl

persli wedi'i dorri'n fân i addurno

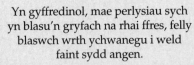

Yn gyffredinol, mae perlysiau sych
yn blasu'n gryfach na rhai ffres, felly
blaswch wrth ychwanegu i weld
faint sydd angen.

Peidiwch â gadael i'r garlleg frownio.
Mae hyn yn golygu ei fod wedi llosgi
a bydd yn newid
blas y cawl.

1. Toddwch y menyn mewn sosban.

2. Ychwanegwch y winwnsyn, garlleg a'r sinsir. Wedi iddynt feddalu, ychwanegwch y madarch a chymysgu'r cyfan yn dda.

3. Rhowch halen a phupur i'w flasu.

4. Ychwanegwch y blawd a'i gymysgu'n dda gyda gweddill y cymysgedd.

5. Ychwanegwch y stoc fesul tipyn gan droi'r cymysgedd yn dda bob tro. Mae'n bwysig fod y stoc yn boeth cyn ei ychwanegu at y cymysgedd. Fe fydd hyn yn gwneud y broses gymysgu'n haws.

6. Gadewch i'r cymysgedd fudferwi ar wres isel am tua 20 munud.

7. Ychwanegwch yr hufen a'r persli cyn ei weini.

Cawl Llysiau Cymysg

12 owns/350g llysiau cymysg
(winwns, cennin, moron, bresych,
seleri a maip)

2 owns/50g menyn

1½ peint/850 ml stoc

1 owns/25g pys

1 owns/25g ffa Ffrengig

halen a phupur

1. Pliciwch y llysiau cymysg ac yna eu torri yn giwbiau ½ "/ 1 cm neu ychydig yn fwy os ydych yn dymuno – ond cofiwch po fwyaf yw maint y llysiau yna yr hiraf y cymer y cawl i goginio.

2. Toddwch y menyn mewn sosban fawr ac ychwanegwch y llysiau ac eithrio'r pys a'r ffa Ffrengig. Coginiwch nhw ar wres isel nes bydd y llysiau wedi dechrau meddalu. Dodwch gaead ar y sosban i gadw'r stêm rhag dianc.

3. Ychwanegwch stoc cynnes – gallwch ddefnyddio ciwb stoc os nad oes stoc ffres ar gael. Ychwanegwch halen a phupur a choginio'r cyfan am oddeutu 30 munud.

4. Ychwanegwch y pys a'r ffa Ffrengig a gadewch i'r cawl fudferwi nes bod y llysiau i gyd wedi coginio.

5. Codwch y saim oddi ar wyneb y cawl a rhowch ychwaneg o halen a phupur os oes angen.

Cawl Seleri, Cennin a Thatws

1. Toddwch y menyn mewn sosban fawr a ffriwch y winwnsyn ar wres isel nes ei fod yn feddal.

2. Ychwanegwch y seleri a'r tatws a'u cymysgu'n dda.

3. Rhowch halen a phupur i'w flasu.

4. Ychwanegwch y stoc a dewch a'r cyfan i'r berw.

5. Rhowch gaead ar y cawl a'i goginio am 45 munud ar wres uchel nes bod y tatws a'r seleri yn feddal.

6. Ychwanegwch y genhinen a gadewch i'r cyfan fudferwi am 10 munud.

7. Tynnwch y sosban oddi ar y gwres ac ychwanegwch hanner yr hufen a'r persli at y cymysgedd a'i droi'n dda.

8. Dewch â'r cawl i'r bwrdd mewn powlenni cawl wedi eu cynhesu ac ychwanegwch weddill yr hufen a'r persli.

9. Gweinwch y cawl gyda rholiau bara brown neu fara soda.

---

3 owns/75g menyn

1 winwnsyn wedi'i dorri'n fân

4 coesyn seleri wedi'u torri'n fân

4 taten fawr wedi'u plicio a'u torri'n sgwariau bach

halen a phupur

2 beint/1.25 litr stoc cyw iâr neu stoc llysiau

1 genhinen wedi'i thorri'n fân

3 owns hylifol/75 ml hufen dwbwl

2 lwy fwrdd persli ffres wedi'i dorri'n fân

Pâté

5 owns/150g menyn

1 winwnsyn wedi'i dorri

2 ewin garlleg wedi'u torri

1 pwys/450g iau/afu iâr

1 llwy fwrdd persli wedi'i dorri'n fân

2 ddeilen lawryf

mesur da (2 lwy fwrdd/tua 25ml) brandi neu sieri

2 owns hylifol/55 ml hufen

halen a phupur

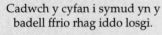

Cadwch y cyfan i symud yn y badell ffrio rhag iddo losgi.

Defnyddiwch ddigon o halen a phupur. Mae hyn yn gwella'r blas wrth iddo goginio.

1. Toddwch 2 owns/50g o fenyn mewn padell ffrio. Ychwanegwch y winwnsyn a'r garlleg a'u coginio nes eu bod yn feddal.

2. Ffriwch yr afu yn ysgafn yn yr un badell. Ychwanegwch y persli, dail llawryf ac ychydig o frandi. Fflamiwch hwn yn gyflym ond byddwch yn ofalus!

3. Ychwanegwch yr hufen a chymysgwch y cyfan yn dda. Gadewch i oeri ychydig.

4. Rhowch y cymysgedd yn yr hylifydd a'i weithio am 2-3 munud.

5. Toddwch 3 owns/75g o fenyn a'i ychwanegu at y cymysgedd yn yr hylifydd. Mae'r menyn yn helpu'r *pâté* i galedu.

6. Rhowch y cyfan mewn powlen fach ac arllwyswch fenyn wedi toddi ar ei ben. Mae'r menyn yn help i gadw'r *pâté* yn ffres ac i arbed y top rhag newid ei liw a sychu. Rhowch yn yr oergell i galedu.

7. Gweinwch efo bara neu dost.

Pâté Mecryll wedi'u Pobi

8 owns/225g ffiledi macrell
wedi'u pobi

4 owns/110g fromage frais

4 owns/110g caws bwthyn

1 llwy de radys poeth wedi'i gratio

1 llwy fwrdd sudd lemwn

halen a phupur

pupur paprica

1 llwy fwrdd persli ffres wedi'i
dorri'n fân

1 llwy fwrdd briwsion bara sych
blawd cyflawn

darnau o leim a dail radicchio
fel garnais

1. Rhowch y mecryll, *fromage frais*, caws bwthyn, radys poeth a'r sudd lemwn mewn prosesydd bwyd a'u cymysgu nes iddyn nhw feddalu.

2. Ychwanegwch halen a phupur, pupur paprica, persli a'r briwsion bara a'u cymysgu'n dda.

3. Trosglwyddwch y cyfan i ddysgl a'i oeri am 30 munud.

4. Gweinwch y *pâté* gyda'r leim, y *radicchio* a thrionglau o dost bara gwenith cyflawn.

Crudités a Dip Iogwrt

1. Cymysgwch yr iogwrt, cennin syfi a'r persli ac ychwanegu halen a phupur.

2. Rhowch y cymysgedd mewn dysgl fechan gan ychwanegu ychydig o bupur paprica.

3. Trefnwch y llysiau mewn grwpiau o amgylch plât mawr. Rhowch y ddysgl yn cynnwys yr iogwrt yn y canol a gweinwch y saig.

Dip:

8 owns/225g iogwrt Groegaidd wedi'i hidlo

1 llwy fwrdd cennin syfi wedi'u torri'n fân

1 llwy fwrdd persli wedi'i dorri'n fân

halen a phupur Cayenne

pupur paprica

Crudités:

4 owns/110g madarch botwm

2 foronen wedi'u torri'n stribedi

1 coesyn seleri wedi'i dorri'n stribedi

2½"/6 cm ciwcymbr wedi'i dorri'n stribedi

½ pupur coch wedi'i dorri'n stribedi

¼ pupur gwyrdd wedi'i dorri'n stribedi

8 shilotsyn

Madarch mewn Saws Garlleg

3 owns/75g menyn

2 winwnsyn wedi'u torri'n fân

5 ewin garlleg wedi'u torri'n fân

2 bwys/900g madarch wedi'u haneru

2 lwy fwrdd persli wedi'i dorri'n fân

4 owns hylifol/110 ml hufen dwbwl

1. Toddwch y menyn mewn sosban a ffriwch y winwns a'r garlleg nes eu bod yn feddal.

2. Torrwch y madarch yn eu hanner a'u hychwanegu at y winwns a'r garlleg.

3. Rhowch gaead ar y sosban a choginiwch am 15 munud ar wres cymedrol.

4. Ychwanegwch y persli a'r hufen, cymysgwch yn dda, a choginiwch am 5 munud arall cyn gweini'r saig.

Eog wedi'i Biclo

1½ pwys/700g cynffonnau eog

Cynhwysion y picl:
1 llwy fwrdd halen
1 llwy de siwgr
1 llwy de puprennau du
wedi'u malu
1 llwy fwrdd brandi (dewisol)
1 llwy fwrdd dil ffres

Cynhwysion y saws:
2 lwy fwrdd mwstard Ffrengig
1 llwy fwrdd siwgr
1 melynwy mawr
7 llwy fwrdd olew olewydd
2 lwy fwrdd finegr gwin gwyn

1. Rhannwch y cynffonnau eog yn ffiledau.

2. Cymysgwch y cynhwysion piclo gyda'i gilydd mewn powlen, ac yna taenwch chwarter y cymysgedd dros waelod dysgl fflat.

3. Gosodwch y darn cyntaf o eog (gyda'r croen i lawr) ar y marinâd a thaenwch hanner y picl sy'n weddill ar ben yr eog.

4. Gosodwch y darn arall o eog (y cnawd i lawr) ar ben y darn cyntaf ac yna ei orchuddio â gweddill y picl.

5. Gorchuddiwch y ddysgl â ffoil a gosodwch blât ar ben y ffoil gan ddefnyddio pwysau i wasgu'r cyfan i lawr. Gadewch y ddysgl yn yr oergell hyd at 5 diwrnod (ond dim llai na 12 awr) gan droi'r eog unwaith y dydd.

6. Ar gyfer y saws, curwch yr wy, y mwstard a'r siwgr gyda'i gilydd nes bod y cymysgedd yn llyfn. Yna, yn raddol, ychwanegwch yr olew a'r finegr gan gymysgu'r cyfan yn dda ar ôl pob ychwanegiad.

7. Torrwch y pysgodyn yn sleisys tenau a'i weini gyda'r saws.

Castell Melon a Ham Bayonne

1. I wneud y dresin, rhowch y finegr, siwgr, a hanner y *chillis* i ferwi mewn sosban nes bod y cyfan wedi lleihau i'r hanner. Ychwanegwch ychydig mwy o'r *chillis* os ydych yn dymuno. Rhowch y saws i'r naill ochr i oeri. (Gallwch gadw hwn mewn jar Kilner.)

2. Torrwch y melon yn ei hanner a thynnu'r hadau.

3. Cymerwch un o'r haneri a thorrwch ef yn 4 sleisen gan ddechrau o ganol y melon (lle mae'r diameder fwyaf) a gweithio eich ffordd at y pen. Yna torrwch y sleisys yma yn eu hanner i greu 4 gewin siâp hanner cylch.

4. Rhowch y mefus mewn powlen a rhowch ychydig o bupur du drostyn nhw ac ychydig o'r dresin *chilli* – tua 1-2 lwy fwrdd.

5. I adeiladu'r castell melon, gosodwch y ddau ddarn lleiaf (o ben y melon) i wynebu ei gilydd ar y plat gan adael ½″ / 1 cm o fwlch rhwng pen y ddau ddarn. Dylai hwn greu siâp tebyg i gylch.

6. Gosodwch ddarn arall ar draws y darnau cyntaf o felon i bontio'r bwlch ½″/1 cm rhyngddynt. Ailadroddwch y broses nes byddwch wedi defnyddio'r hanner cyfan. Rhowch y mefus ynghanol y melon a chymryd 3 sleisen o ham a'u gosod fel eu bod yn disgyn dros ochrau'r castell melon. Gwnewch yr un modd â'r ail hanner.

7. I'w addurno rhowch ddarnau bach o orthyfail rhwng y darnau o ham.

Coron Melon

Digon i 2

1 melon Galia
¼ darn afal wedi'i dorri'n fân
½ coesyn seleri wedi'i dorri'n fân
2 owns/50g corgimychiaid

Cynhwysion y saws:
2 lwy fwrdd mayonnaise
1 llwy bwdin sôs coch
1 llwy de saws Caerwrangon
halen a phupur

sleisys lemwn a phersli wedi'i
dorri'n fân i addurno

Gellir defnyddio corgimychiaid
wedi rhewi ond cofiwch fod
ynddyn nhw lawer o ddŵr.

I gadw'r afalau yn wyn ar ôl eu
torri, rhowch nhw i sefyll mewn
dŵr ac ynddo sudd lemwn.

Wrth baratoi'r saws, efallai yr
hoffech roi mwy o *mayonnaise* neu o
sôs coch, neu, os am rywbeth
arbennig, diferyn o frandi a hufen.
Gallwch amrywio'r saws
at eich dant.

1. Torrwch y melon i siâp coron a thynnwch yr hadau.

2. Tynnwch ychydig o'r melon i wneud lle i'r llenwad. Peidiwch â'i daflu: gallwch ei ddefnyddio mewn salad ffrwythau ffres.

3. Rhowch yr afal a'r seleri yn haenau yn y melon a'r corgimychiaid ar y brig.

4. Ychwanegwch y saws: byddwch yn ofalus i beidio â defnyddio gormod ohono.

5. Addurnwch y melon efo'r lemwn a'r persli cyn ei weini.

6. Gellir paratoi'r rysáit hon ymlaen llaw ond peidiwch ag ychwanegu'r saws tan y funud olaf.

Madarch a Winwns mewn Sieri

2 owns/50g menyn

1 winwnsyn wedi'i falu

1 pwys/450g madarch

2 lwy fwrdd blawd plaen

4 llwy fwrdd persli ffres wedi'i dorri'n fân

6 owns hylifol/175 ml stoc llysiau

2 owns hylifol/55 ml sieri neu frandi

halen a phupur

1. Toddwch y menyn mewn sosban a ffriwch y winwnsyn nes ei fod yn feddal.

2. Ychwanegwch y madarch a'u coginio nes eu bod yn ymylu ar fod yn feddal.

3. Arllwyswch y blawd dros y cyfan, ei gymysgu'n dda â llwy bren a'i goginio dros wres cymedrol nes i'r saws ddechrau tewychu.

4. Ychwanegwch y stoc, sieri neu'r brandi, a choginio'r cyfan ar wres uwch am 5 munud arall.

Pysgod a
Bwyd Môr

Eog mewn Saws Oren a Tharagon

6-8 owns/175-225g eog
i bob person

sbrigyn o daragon ffres i
bob person

½ llwy fwrdd croen oren
wedi'i dorri'n fân

halen a phupur

½ llwy fwrdd gwin gwyn sych

Cynhwysion y saws:

3-4 llwy fwrdd finegr oren

2 lwy de siwgr

croen un oren wedi'i
dorri'n stribedi

4 llwy de taragon wedi'i
dorri'n fân

½ owns/10g menyn

1. Gwnewch yn siŵr nad oes esgyrn yn y pysgodyn.

2. Cymerwch ddau ddarn o ffoil sy'n ddigon mawr i orchuddio'r pysgodyn; rhowch ychydig o fenyn a sbrigyn o daragon ffres ar un darn o ffoil a gosod y pysgodyn arno.

3. Ar ben y pysgodyn, rhowch y croen oren, halen a phupur, gwin gwyn a phinsiaid o daragon.

4. Gorchuddiwch y pysgodyn â'r darn arall o ffoil, a chau'r parsel yn dda.

5. Coginiwch y pysgodyn am 10 munud yn y ffwrn: nwy 7, 425°F/220°C .

6. I wneud y saws, cynheswch y finegr oren mewn sosban ar wres cymedrol cyn ychwanegu'r siwgr ato a'i droi.

7. Pan fydd y siwgr wedi toddi, ychwanegwch groen yr oren a'r taragon ac yna'r menyn.

8. Cymysgwch y cyfan yn dda, a thynnwch y sosban oddi ar y gwres unwaith bydd y menyn wedi toddi.

Cegddu wedi ei Farinadu

4 darn cegddu (un i bob person)

1 ddeilen lawryf

sudd 1 lemwn

2 ewin garlleg wedi'u torri'n fân

2 lwy de coriander mâl

halen a phupur

1. Torrwch y ddeilen lawryf yn ddarnau bach a'u rhoi mewn powlen fas ddigon o faint i ddal y pysgod yn gyfforddus. Ychwanegwch y sudd lemwn, olew, garlleg, coriander, halen a phupur, a'u cymysgu'n dda.

2. Gosodwch y pysgod yn y cymysgedd fel bo croen y pysgodyn ar i fyny. Gadewch y pysgod am ryw 1½-2 awr gan eu troi ddwywaith neu dair.

3. Cynheswch y gridyll i wres cymedrol a choginiwch y pysgod am ryw 5-10 munud gan gofio eu hiro â'r marinâd bob hyn a hyn.

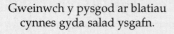

Gweinwch y pysgod ar blatiau cynnes gyda salad ysgafn.

Stribedi Corbenfras

1. Torrwch y corbenfras yn ddarnau 2"/5 cm.

2. Rhowch yr wy mewn dysgl fas.

3. Ychwanegwch yr halen a'r pupur at y blawd a rhowch hwnnw mewn powlen fas arall.

4. Trochwch y pysgod yn y blawd, yna yn yr wy ac yna yn y briwsion bara gan wneud yn siŵr bod pob tamaid o'r pysgodyn yn cael ei orchuddio.

5. Rhowch y darnau pysgod yn yr oergell tra byddwch yn paratoi'r saws.

6. Cymerwch sosban ganolig ei maint a choginiwch y winwnsyn yn y menyn ar wres cymedrol nes iddo feddalu.

7. Ychwanegwch y madarch, trowch y blawd i'r cymysgedd a choginiwch am funud neu ddwy eto.

8. Tynnwch y sosban oddi ar y gwres ac ychwanegwch y llaeth cynnes ar dri thro gan ei gymysgu'n dda. Rhowch y sosban yn ôl ar wres isel a choginiwch y saws am 10 munud gan ei droi drwy'r amser nes iddo dewychu. Ychwanegwch halen a phupur ac yna'r hufen a chadwch y saws yn gynnes.

9. Ffriwch y corbenfras fesul 4-5 darn ar y tro mewn olew poeth nes eu bod yn frown golau. Gweinwch gyda'r saws a'r darnau lemwn a'r persli.

Digon i 2

1 pwys/450g corbenfras ffres
heb y croen na'r esgyrn

1 wy wedi'i guro

3 llwy fwrdd blawd

halen a phupur

briwsion bara gwyn ffres

olew ar gyfer ffrio

Cynhwysion y saws:
½ winwnsyn canolig
wedi'i dorri'n fân

2 owns/50g menyn

4 owns/110g madarch gwyn
wedi'u sleisio

1 llwy fwrdd blawd plaen

2 owns hylifol/55 ml llaeth cynnes

halen a phupur

8 owns hylifol/200 ml hufen dwbwl

darnau o lemwn a phersli
i addurno

Gofynnwch i'r gwerthwr pysgod
dynnu'r croen a'r esgyrn
ar eich rhan.

Penfras a Thatws wedi'u Pobi

Digon i 4

6 taten fawr
1 pwys/450g penfras
½ pwys/700g madarch
1 bwnsiaid shilóts
olew ar gyfer ffrio
halen a phupur

Cynhwysion y saws:
2 owns/50g menyn
2 lwy fwrdd blawd
8 owns hylifol/220 ml llaeth
8 owns/225g caws caled
wedi'i gratio
briwsion bara

1. Sgrwbiwch y tatws a'u rhoi yn y meicrodon am 5 munud yr un. Yna torrwch nhw ar eu hyd yn sleisys tenau.

2. Torrwch y penfras yn giwbiau a'u rholio mewn blawd gyda phinsiaid o halen a phupur.

3. Ffriwch y madarch a'r shilóts mewn olew yn y badell ffrio.

4. I wneud y saws, toddwch y menyn mewn sosban ac ychwanegu 2 lwy fwrdd o flawd a'u cymysgu'n dda.

5. Ychwanegwch y llaeth dipyn wrth dipyn gan gymysgu'r cyfan yn dda. Yna ychwanegwch y caws gan adael ychydig wrth gefn ar gyfer ei daenu dros wyneb y saig.

6. Mewn dysgl addas i'r popty, rhyw 8 modfedd/20 cm wrth 8 modfedd/20 cm wrth 5 modfedd/13 cm o ddyfnder, gosodwch haenen o datws, yna haenen o benfras ac yna haenen o fadarch a shilóts ac ychwanegwch halen a phupur. Ailadroddwch gan orffen gyda haenen o datws.

7. Tywalltwch y saws caws dros y tatws a thaenwch ychydig o friwsion bara a chaws wedi'i gratio ar ben y cyfan.

8. Rhowch i goginio am 45 munud-1awr yn y ffwrn: nwy 4, 350°F/180°C.

Cegddu Provençale

Digon i 4

1 llwy fwrdd olew olewydd

2 owns/50g menyn

1 winwnsyn canolig wedi'i dorri'n fân

2 ewin garlleg wedi'u torri'n fân

croen 1 oren wedi'i gratio

14 owns/400g tomatos tun wedi'u torri neu 12 tomato ffres wedi'u plicio a'u torri'n fân

2 wydraid o win gwyn sych

1 llwy fwrdd o piwrî tomato

8 deilen basil ffres wedi'u torri'n fân

6-8 owns/175g-225g cegddu i bob person

Dylid gadael i bysgod wedi rhewi ddadmer cyn cychwyn coginio.

Mae'n bwysig paratoi popeth cyn cychwyn coginio.

Wrth ychwanegu cynhwysion at y saws, rhowch ychydig y tro. Mae'n haws ychwanegu na thynnu i ffwrdd!

Gellir defnyddio unrhyw bysgodyn gwyn yn y rysáit yma.

Peidiwch â gor-goginio neu fe fydd y pysgodyn yn briwsioni a malu yn y badell ffrio.

1. Rhowch yr olew yn y badell ffrio ac ychwanegwch y menyn.

2. Pan fydd y badell yn boeth ychwanegwch y winwnsyn a'r garlleg a'u coginio nes eu bod yn feddal.

3. Ychwanegwch groen yr oren.

4. Cadwch i droi'r cynhwysion wrth ychwanegu'r tomatos, gwin gwyn a'r piwrî tomato. Cymysgwch y cyfan yn dda cyn ychwanegu'r basil.

5. Yn olaf, ychwanegwch y pysgod at y saws a choginiwch am chwech i wyth munud cyn gweini'r saig gydag ychydig o ddail basil.

Ysbinbysg a Saws Medd

Digon i 2

½ owns/15g siwgr

*1 llwy fwrdd finegr
gwin gwyn*

*5 owns hylifol/150 ml medd
Cymraeg*

olew olewydd i ffrio

14 owns/400g ysbinbysg

halen a phupur

2 owns/50g menyn

*llysiau cymysg solferino
(tomato, ciwcymbr a moron – y
moron wedi'u coginio ychydig
ymlaen llaw)*

gorthyfail ffres

Defnyddiwch olew poeth i
goginio'r pysgodyn yn gyflym er
mwyn cadw'r maeth ynddo.

Peidiwch â gadael i'r cymysgedd
medd ferwi wrth ychwanegu'r
menyn neu fe fydd y saws yn
gwahanu. Os nad ydych yn
dymuno defnyddio menyn fe wna'r
mymryn lleiaf o flawd corn a dŵr y
tro i dewychu'r saws.

Os na chewch afael ar orthyfail
defnyddiwch bersli
neu daragon.

1. Rhowch y ffwrn i gynhesu: nwy 7, 425°F/ 220°C.

2. Coginiwch y siwgr, finegr a'r medd mewn sosban â gwaelod trwchus nes iddynt ffurfio caramel.

3. Cynheswch yr olew mewn padell ffrio, rhowch y pysgodyn ynddo ac ychwanegu halen a phupur. Pan fydd y pysgodyn yn frown golau, rhowch ef ar dun pobi yn y ffwrn am 5 munud tra byddwch yn paratoi'r saws.

4. Ychwanegwch y menyn yn raddol at y caramel a lleihau'r saws rywfaint dros wres cymedrol. Curwch yn dda â chwisg.

5. Ychwanegwch y llysiau cymysg gan adael iddynt gynhesu. Yn olaf, ychwanegwch y gorthyfail.

6. Tynnwch y pysgodyn o'r ffwrn ac arllwys y saws drosto.

Mecryll Llŷn

1. Cynheswch yr olew yn y badell ffrio ac ychwanegwch y menyn.

2. Rhowch y macrell yn y badell ffrio a'i goginio am 4 munud bob ochr, gan ofalu ei droi fel nad yw'n llosgi.

3. Ychwanegwch groen y leim a sudd hanner leim; bydd angen troi'r pysgodyn yn y sudd.

4. Ychwanegwch y coriander ffres ac ychydig o frandi.

5. Daliwch ati i symud y pysgodyn yn y badell ffrio am funud neu ddwy cyn ei weini.

1 llwy de olew olewydd

1 owns/25g menyn

8-10 owns/225g-275g macrell ffres ar gyfer pob person

croen 1 leim

sudd ½ leim

2 lwy fwrdd dail coriander ffres wedi'u torri'n fân

mesur o frandi neu win gwyn

Pan ydych yn dewis pysgodyn, gwnewch yn siŵr bod gorchudd o sleim arno ac nad yw'n rhy feddal.

Gwnewch yn siŵr bod y llygaid yn ddu ac yn glir.

Wrth ffrio cadwch y pysgodyn i symud neu fe fydd yn glynu wrth y badell.

Gellir defnyddio'r cynhwysion yma efo unrhyw bysgodyn ffres – beth am gath fôr mewn menyn a sudd lemwn?

Os nad oes coriander ffres, gellir ei ddefnyddio wedi ei sychu, ond peidiwch ag ychwanegu gormod ar y tro.

Corgimwch Pendefig

Digon i 2

2 owns/50g menyn
3 ewin garlleg wedi'u malu
4 shilotsyn wedi'u torri'n fân
2"/5 cm sinsir wedi'i gratio
6 corgimwch pendefig
5 owns hylifol/150 ml sieri canolig
2 lwy fwrdd persli ffres
halen a phupur

1. Toddwch y menyn mewn padell ffrio fawr ac ychwanegu'r garlleg, y shilóts a'r sinsir.

2. Coginiwch ar wres cymedrol am 2 funud neu nes bod y cymysgedd yn feddal ac yn frown golau.

3. Ychwanegwch y corgimychiaid pendefig a'u troi yn y cymysgedd garlleg am un funud.

4. Arllwyswch y sieri i'r cymysgedd ac ychwanegwch y persli.

5. Coginiwch heb gaead am 5 munud nes i'r saws leihau ryw fymryn a dechrau troi'n surop; erbyn hynny dylai'r corgimychiaid fod wedi twymo drwyddynt.

6. Ychwanegwch halen a phupur a gweinwch y corgimychiaid yn syth gyda'r saws o'u hamgylch.

Moules Marinières

Digon i 2

2 owns/50g menyn

½ winwnsyn wedi'i dorri'n fân

½-¾ potelaid (75cl) gwin
gwyn sych

2 ewin garlleg wedi'u malu'n fân

2 lwy fwrdd persli ffres wedi'i
dorri'n fân

3 phwys/1.8 kg cregyn gleision ffres
yn eu cregyn

4 owns hylifol/110 ml hufen sengl

persli i addurno

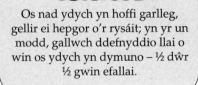

Os nad ydych yn hoffi garlleg,
gellir ei hepgor o'r rysáit; yn yr un
modd, gallwch ddefnyddio llai o
win os ydych yn dymuno – ½ dŵr
½ gwin efallai.

1. Crafwch y cregyn yn lân i waredu unrhyw grachod. Gwnewch yn siŵr fod y cregyn ar gau cyn eu coginio. Os nad ydynt, taflwch nhw gan eu bod yn beryglus i'w bwyta.

2. Toddwch y menyn mewn sosban dros wres cymedrol.

3. Ychwanegwch y winwnsyn a rhowch gaead ar y sosban.

4. Ar ôl ychydig funudau, ychwanegwch y gwin gwyn a gadewch iddo ddod i'r berw.

5. Ychwanegwch y garlleg a'r persli ffres.

6. Ychwanegwch y cregyn gleision a'u troi â llwy i'w gorchuddio â'r saws.

7. Ychwanegwch yr hufen a rhowch y caead yn ôl ar y sosban am bum munud arall, a'u gadael i goginio ar wres uchel. Taflwch unrhyw gragen sy'n dal heb agor ar ôl coginio.

8. Gweinwch y *moules* mewn powlen fas gyda garnais syml o bersli wedi'i dorri'n fân a darn trwchus o fara Ffrengig.

Cig

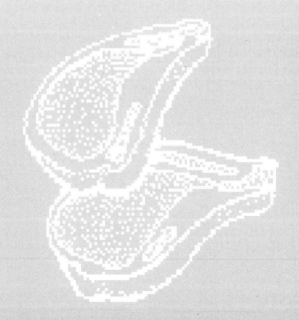

Cig Oen Tyddewi

1 owns/25g menyn

halen a phupur

3 golwyth cig oen (i bob person)

croen ½ leim wedi'i dorri'n stribedi

sudd ½ leim

½ llwy de puprennau gwyrdd

2 owns/50g gwin gwin sych (megis Pant-teg)

2 lwy de finegr balsamic

1. Cynheswch badell ffrio a thoddwch ½ owns/15g o fenyn ynddi. Rhowch halen a phupur ar y golwython cyn eu rhoi yn y badell.

2. Coginiwch y golwython am 3 munud bob ochr nes eu bod wedi crisbio ar y tu allan. Trosglwyddwch nhw i blât a'u cadw'n dwym.

3. Ar gyfer y saws, ychwanegwch groen a sudd y leim ynghyd â'r puprennau gwyrdd, y gwin a'r finegr at sudd y cig yn y badell ffrio.Coginiwch y saws am 10 munud er mwyn iddo leihau ychydig ac ychwanegwch ½ owns/15g o fenyn ato i'w dewychu.

4. Dychwelwch y golwython i'r badell am funud er mwyn eu cynhesu drwyddynt yn y saws.

5. Gweinwch ar blât gyda'r saws drostynt.

Cawl

2 beint/1.2 l dŵr berw

1½ pwys/700g cig oen wedi'i dorri'n sgwariau bach

1½ pwys/700g tatws wedi'u torri'n fân

½ pwys/250g pannas wedi'u torri'n fân

½ pwys/250g maip wedi'u torri'n fân

½ pwys/250g moron wedi'u torri'n fân

1 winwnsyn mawr wedi'i dorri'n fân

½ bresychen **savoy** wedi'i thorri'n fân

2 genhinen wedi'u torri'n fân

4 llwy fwrdd persli wedi'i dorri'n fân

halen a phupur

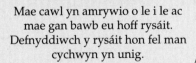

Mae cawl yn amrywio o le i le ac mae gan bawb eu hoff rysáit. Defnyddiwch y rysáit hon fel man cychwyn yn unig.

1. Rhowch y cig a'r llysiau – ac eithrio'r cennin, bresych a'r persli – i ferwi yn y dŵr.

2. Gadewch iddynt goginio am hanner awr cyn tynnu'r saim oddi ar wyneb y cawl.

3. Ychwanegwch y llysiau sy'n weddill a choginio'r cyfan am hanner awr arall.

4. Ychwanegwch y persli am y 10 munud olaf.

5. Gwnewch yn siŵr eich bod yn ychwanegu digon o halen a phupur cyn ei weini.

Kleftico Exohiko

1. Sychwch y cig â phapur cegin.

2. Twymwch yr olew mewn padell ffrio fawr a seliwch y cig yn gyflym ar wres uchel, sawl stecen ar y tro, gan frownio'r ddwy ochr (tua 2-3 munud yr un).

3. Gosodwch y cig yn un haenen ar waelod dysgl gaserol.

4. Taenwch weddill y cynhwysion dros y cig ac ychwanegwch halen a phupur.

5. Rhowch gaead neu ffoil ar y ddysgl er mwyn cadw'r stêm rhag dianc wrth goginio.

6. Coginiwch yn araf am 2-2½ awr nes bod y cig yn dyner: nwy 3, 325°F/160°C .

Digon i 6

6 stecen coes oen, gyda'r asgwrn
(tua 6-8 owns/175-225g yr un)

4 ewin garlleg wedi'u malu

1 winwnsyn canolig wedi'i sleisio

1 pupur coch wedi'i sleisio

1 pupur gwyrdd wedi'i sleisio

1 tomato bîff wedi'i sleisio

1 llwy fwrdd olew olewydd

1 llwy de oregano sych

1 llwy de teim sych

2-3 deilen lawryf

halen a phupur

Cig Oen a Rhosmari

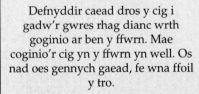
1. Rhowch ddigon o halen a phupur ar y cig a rhwbiwch yr olew iddo.

2. Cynheswch y badell ffrio. Defnyddiwch un fawr er mwyn cael digon o le i symud y cig.

3. Rhowch y cig yn y badell ffrio a'i frownio'n ysgafn. Rhowch gaead dros y cig tra bydd yn coginio . (Os ydych yn hoffi cig oen yn binc fe allwch ei goginio am 15 munud heb gaead yn y ffwrn ar wres uchel: nwy 8, 450°F/230°C.)

4. Trowch y cig ac ychwanegwch y rhosmari.

5. Ychwanegwch y garlleg yn gyfan a rhoi'r caead yn ôl.

6. Gadewch i'r cig goginio am ryw 15 munud. Os yw hi'n well gennych gig oen wedi'i goginio drwyddo'n dda, ychwanegwch 5-10 munud o amser coginio.

7. Gweinwch efo llysiau o'ch dewis.

Cebab Cig Oen

2 bwys/900g ffiled cig oen

3½ llwy de sinsir ffres wedi'i dorri'n fân

3½ llwy de saws soi

3 llwy de olew sesame

4 ewin garlleg wedi'u malu'n fân

halen a phupur

1. Torrwch y braster i gyd oddi ar y cig ac yna torri'r cig yn ddarnau rhyw 1 modfedd/2.5 cm sgwâr.

2. Rhowch y cig mewn powlen ac ychwanegwch weddill y cynhwysion a'u cymysgu'n dda.

3. Gorchuddiwch y bowlen â ffoil neu haenen lynu a'i rhoi yn yr oergell am 12-48 awr. Dylech gymysgu'r cyfan bob rhyw 6 awr.

4. Ar ôl gosod y cig ar sgiwerau coginiwch ef uwchben barbeciw neu dan y gridyll am tua 15-20 munud.

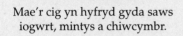

Mae'r cig yn hyfryd gyda saws iogwrt, mintys a chiwcymbr.

Golwython Porc

Digon i 1

halen a phupur i flasu
1 golwyth porc
1½ owns/40g menyn
2 daten o faint cymedrol
1 llwy fwrdd olew olewydd

1. Rhowch halen a phupur ar y cig.

2. Toddwch hanner owns o fenyn mewn padell ffrio a ffriwch y cig am tua 4 munud. Gallwch roi'r golwyth i goginio o dan y gridyll yn hytrach na defnyddio padell ffrio, os ydych yn dymuno.

3. Torrwch y tatws yn dafelli crwn heb fod yn rhy denau a'u berwi'n ysgafn mewn dŵr a halen am ryw 7-8 munud. Peidiwch â'u gor-goginio neu byddant yn chwalu.

4. Rhowch weddill y menyn a'r olew olewydd mewn padell ffrio ac ychwanegwch y tatws. Ffriwch nhw nes eu bod yn frown golau.

5. Darparwch unrhyw lysiau ychwanegol o'ch dewis a'u gweini gyda'r gig. Ceisiwch ddefnyddio llysiau o liwiau gwahanol megis blodfresych a brocoli. Fe fydd hyn yn gwneud y pryd yn wledd i'r llygad a'r cylla!

Mae'n bosib rhwbio saws soi i'r cig a'i adael i sefyll am awr cyn ei goginio neu ychwanegu garlleg at y porc wrth ei goginio.

Tynnwch yr asgwrn o'r golwyth cyn ei goginio i arbed trafferth wrth fwyta. Os nad ydych yn gallu gwneud hyn, gofynnwch i'r cigydd ei wneud ar eich rhan.

Stroganoff Porc

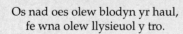

Digon i 2

1 llwy fwrdd olew blodyn yr haul

1 winwnsyn canolig wedi'i sleisio'n fân

halen a phupur

8 owns/225g ffiled o borc wedi'i thorri'n stribedi tenau

8 owns/225g madarch (browncaps *neu* chestnut)

1 pupur coch wedi'i dorri'n stribedi

1 llwy fwrdd blawd cyflawn

3 owns hylifol/75 ml gwin gwyn

3 owns hylifol/75 ml stoc porc neu gyw iâr

1 llwy de mwstard Ffrengig

1 llwy de teim ffres

5 owns hylifol/150 ml iogwrt naturiol braster isel

sbrigyn teim ffres ar gyfer addurno

Os nad oes olew blodyn yr haul, fe wna olew llysieuol y tro.

1. Cynheswch yr olew mewn padell ffrio fawr.

2. Ffriwch y winwnsyn ar wres cymedrol nes ei fod yn feddal.

3. Rhowch halen a phupur ar y porc. Cynyddwch y gwres, ychwanegwch y stribedi porc a'u ffrio'n gyflym am 2-3 munud.

4. Gostyngwch y gwres ac ychwanegwch y madarch a'r pupur coch a choginiwch y cyfan am 2 funud arall. Ychwanegwch y blawd a'i droi i'r cymysgedd.

5. Tynnwch y badell oddi ar y gwres ac ychwanegwch y gwin, stoc, mwstard, a'r teim.

6. Dychwelwch i'r gwres a gadewch iddo ddod i'r berw, yna gadewch iddo fudferwi am 10 munud heb gaead gan droi'r cymysgedd yn gyson.

7. Codwch y badell o'r gwres a'i gadael i oeri am ychydig; yna ychwanegwch yr iogwrt a'i droi.

8. Ychwanegwch halen a phupur ac addurnwch â sbrigyn o deim ffres.

9. Gweinwch gyda reis. Mae reis gwyllt yn arbennig o flasus a deniadol i'r llygad.

Porc gyda Chig Moch wedi'i Fygu

1. Cynheswch yr olew a thoddwch ychydig o fenyn mewn sosban.

2. Ychwanegwch y winwnsyn, cig moch, a'r porc a'u ffrio'n ysgafn am tua 8 munud gan ofalu eu troi yn awr ac yn y man.

3. Ychwanegwch y blawd a'i gymysgu'n dda gyda'r cynhwysion eraill.

4. Ychwanegwch y madarch a'r stoc a'u cymysgu.

5. Yn olaf, ychwanegwch y paprica, sudd lemwn, hufen, oregano, a'r selsigen a'u cymysgu'n dda cyn trosglwyddo'r cyfan i ddysgl gaserol.

6. Coginiwch am 1 awr 20 munud yn y ffwrn: nwy 4, 350°F/180°C.

7. Taenwch ychydig o bersli ffres wedi'i dorri'n fân dros y cyfan cyn ei weini.

Digon i 4

1 llwy fwrdd olew olewydd

2 owns/50g menyn

1 winwnsyn wedi'i sleisio

7 owns/200g lardons wedi'u mygu (neu gig moch brith)

1 pwys/450g porc wedi'i dorri'n giwbiau

2 lwy fwrdd blawd cyflawn

12 madarchen wedi'u chwarteru

½ peint/275 ml stoc porc

1 llwy de paprica

4 owns hylifol/125 ml hufen wedi suro

½ selsigen borc fawr wedi'i sleisio

2 owns/50g menyn

sudd ½ lemwn ffres

2 lwy de oregano

persli ffres wedi'i dorri'n fân

Ham Melys gyda Saws Eirin Gwlanog

5-6 pwys/2-2.5 kg ham wedi'i ferwi

croen oren wedi'i dorri'n fân

½ llwy fwrdd mwstard grawn cyflawn

1"/2.5 cm sinsir wedi'i gratio

3 llwy fwrdd mêl

sudd 1 oren

clofau (digon i orchuddio'r ham)

Cynhwysion y saws:

1 tun (14 owns/400g) eirin gwlanog wedi'u sleisio mewn surop

1 gwydraid sieri

1. Cymysgwch y mêl, croen a sudd yr oren, y sinsir a'r mwstard gyda'i gilydd mewn powlen.

2. Torrwch fraster allanol yr ham i greu siapiau diemwntau, yna gwthiwch y clofau i mewn yn y mannau lle mae'r llinellau yn croesi. Codwch yr ham i dun pobi.

3. Gorchuddiwch ef â'r cymysgedd o fêl, croen a sudd yr oren, sinsir a mwstard a'i goginio am 3 awr 45 munud, neu nes ei fod yn frown, yn y ffwrn: nwy 6, 400°F/200°C.

4. Tynnwch yr ham o'r tun pobi a'i roi i'r naill du. Arllwyswch y sieri ac un llond tun o eirin gwlanog i'r tun pobi a chynhesu'r cyfan gyda'i gilydd.

5. Gweinwch yr ham gyda'r saws.

Chilli Con Carne

Digon i 4-6

3 llwy fwrdd olew

2 winwnsyn wedi'u torri

4 ewin garlleg wedi'u torri'n fân

2 bwys/900g briwgig eidion

3 chilli (2 goch, 1 gwyrdd)
at eich dant

4 llwy fwrdd coriander ffres wedi'i
dorri'n fân

2 dun tomatos 14 owns/450g
wedi'u torri

1 tun ffa coch

3 deilen lawryf

4 coesyn seleri wedi'u torri'n fân

3 moronen wedi'u torri'n fân

1 llwy fwrdd paprica

sudd 1 leim

2 lwy de cwmin

2 lwy fwrdd piwrî tomato

Fe fydd y *chilli con carne* yn blasu'n
well o'i gynhesu y diwrnod ar ôl ei
goginio.

1. Cynheswch yr olew mewn sosban a choginiwch y moron, seleri, winwns a'r garlleg nes eu bod yn feddal.

2. Ychwanegwch y briwgig a choginiwch ef am 5-10 munud cyn ychwanegu gweddill y cynhwysion gan gynnwys y *chillis*. (Dim ond chi all ddweud a yw poethder *chillis* at eich dant a faint ohonyn nhw i'w defnyddio.)

3. Cymysgwch y cyfan yn dda a'i goginio ar wres uchel am 20 munud ac yna ar wres isel am 1 awr gan ofalu nad yw'n glynu wrth waelod y sosban.

Steak Chasseur

1. Toddwch y menyn mewn padell ffrio.

2. Rhowch halen a phupur ar y cig a'i roi yn y badell.

3. Coginiwch y ddwy stecen am tua 4 munud bob ochr os am stecen ganol y ffordd. Gallwch amrywio'r amser coginio nes i'r cig fod at eich dant. Yna, tynnwch ef o'r badell ffrio a'i roi i'r naill ochr.

4. Yn yr un badell, cynheswch un llwy fwrdd o olew; ychwanegwch y winwnsyn ato a'i goginio nes ei fod yn feddal. Yna ychwanegwch y madarch a chymysgu'r cyfan am ryw 4-5 munud.

5. Ychwanegwch y gwin, tomatos, taragon, persli, ac yna'r brandi; cymerwch ofal wrth ei fflamio.

6. Ychwanegwch y stoc neu'r grefi a throi'r cyfan am funud neu ddwy nes bod y saws yn barod i'w weini gyda'r cig.

1 owns/25g menyn heb halen

halen a phupur

2 stecen 8 owns

1 llwy fwrdd olew

½ winwnsyn

8 owns/225g madarch

2 wydraid o win gwyn sych

4 tomato neu ½ tun tomatos

2 lwy fwrdd taragon wedi'i dorri'n fân

1 llwy fwrdd persli wedi'i dorri'n fân

1 mesur brandi

¼ peint/150 ml stoc neu grefi

Os yw'r saws yn rhy denau, coginiwch ychydig mwy arno er mwyn iddo dewychu.

Beef Wellington

2 lwy fwrdd olew

cymysgedd duxelle, sef,
2 shilotsyn wedi'u torri'n fân
a
2 owns/50g madarch wedi'u
torri'n fân

8 owns/225g stêc ffiled cig eidion

8 owns/225g pecyn crwst pwff

1 owns/25g pâté da afu cyw iâr

halen a phupur

1 melynwy

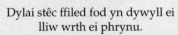

Dylai stêc ffiled fod yn dywyll ei
lliw wrth ei phrynu.

Defnyddiwch shilóts yn lle winwns
am fod eu blas yn ysgafnach.

Defnyddiwch olew yn lle menyn –
mae'n gallu derbyn gwres uwch o
lawer.

Peidiwch â defnyddio *pâté* rhy gryf
ei flas. Gallwch ddefnyddio
mwstard yn ei le os dymunwch.

Os am wneud yn siŵr nad oes
unrhyw waed o gwbl yn y stecen
coginiwch hi am 30 munud.

1. Cynheswch lwyaid o olew mewn padell ffrio.

2. Ychwanegwch y shilóts a'r madarch a ffrio'r cyfan am funud neu ddwy.

3. Mewn padell ffrio arall, cynheswch lwyaid o olew.

4. Rhowch y cig eidion yn yr olew. Seliwch y tu allan i'r stêc am ryw 1 funud bob ochr. Cofiwch, bydd y stêc yn coginio yn y toes wrth ei bobi.

5. Rhowch y toes ar fwrdd a'i rolio. Rhowch lwyaid neu ddwy o'r cymysgedd *duxelle* arno. Ychwanegwch y cig a'r *pâté*. Rhowch haenen arall o'r cymysgedd *duxelle* ar y top a chreu parsel o'r toes.

6. Defnyddiwch felynwy i selio'r toes a chloi'r blas i mewn.

7. Coginiwch yn y ffwrn am 20 munud nes bod y toes wedi codi ac yn euraid ei liw: nwy 6, 400°F/220°C.

8. Gweinwch efo llysiau o'ch dewis.

Stecen Estrys

½ winwnsyn

1 llwy fwrdd olew

halen a phupur i flasu

8 owns/225g stecen estrys

persli i addurno

1. Ffriwch y winwnsyn yn y badell ffrio gydag 1 llwy fwrdd o olew nes ei fod yn feddal.

2. Rhowch halen a phupur ar y cig.

3. Rhowch y stecen i ffrio am 2 funud bob ochr nes ei bod wedi brownio'n ysgafn.

4. Gynted ag y bydd y cig yn troi'n frown golau, bydd yn barod i'w weini gyda garnais o bersli, a chyda llysiau o'ch dewis neu salad.

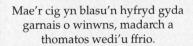

Mae'r cig yn blasu'n hyfryd gyda garnais o winwns, madarch a thomatos wedi'u ffrio.

Cyrri

1. Ffriwch y winwns, garlleg a'r sinsir nes eu bod yn feddal.

2. Ychwanegwch y cig a'i goginio nes ei fod wedi brownio.

3. Ychwanegwch y blawd a phinsiaid o halen.

4. Torrwch y tomatos tun a'u hychwanegu at y cig; cymysgwch yn dda cyn ychwanegu'r puprau a'r *chillis*.

5. Cymysgwch y cyfan yn dda a'i goginio am 5-10 munud.

6. Ychwanegwch y powdwr cyrri a'r llaeth cneuen goco (os ydych yn dymuno) cyn cymysgu'r cyfan a'i adael i goginio am 15 munud ar wres isel.

7. Trosglwyddwch i ddysgl gaserol a choginiwch am 30-45 munud yn y ffwrn: nwy 3, 325ºF/160ºC.

8. Gweinwch gyda reis a garnais o lysiau a ffrwythau.

Digon i 4

2 owns/50g menyn

1 pwys/450g cig eidion neu gyw iâr heb groen wedi'i dorrri'n giwbiau

2 winwnsyn wedi'u torri

4 ewin garlleg

2"/5 cm sinsir wedi'i gratio

1 llwy fwrdd blawd plaen

1 tun tomatos wedi'u malu

½ pupur coch, melyn, a gwyrdd wedi'u sleisio

2 chilli *coch*, 1 chilli *gwyrdd* – at eich dant

1-2 lwy fwrdd powdwr cyrri (Madras)

½ tun 14 owns/400g llaeth cneuen goco

halen

Steak au Poivre

Digon i 1

1 llwy de olew

8 owns/225g stecen syrlwyn neu
stecen ffolen

1 llwy de puprennau du

1 mesur da brandi

2 lwy fwrdd stoc cig eidion

2 owns hylifol/10 ml hufen dwbwl

persli i addurno

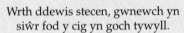

Wrth ddewis stecen, gwnewch yn
siŵr fod y cig yn goch tywyll.

Chwiliwch am wythiennau o
fraster yn rhedeg trwy'r cig fel
marmor. Mae ychydig o fraster yn
gwella ansawdd a blas y cig.

Pan yw'r cig yn coginio peidiwch
â'i symud. Trowch y cig unwaith yn
unig er mwyn cadw'r maeth i
mewn.

Cofiwch fod puprennau yn gallu
blasu'n boeth iawn – yn enwedig
rhai du. Os nad ydych yn hoff o'r
blas cryf, defnyddiwch buprennau
gwyrdd yn lle y rhai du.

1. Cynheswch y badell ffrio ar wres uchel.

2. Malwch y puprennau. Does dim gwaeth na brathu pupren gyfan, galed!

3. Rhwbiwch olew dros y stecen a gwthio'r puprennau i'r cnawd.

4. Rhowch y cig yn y badell ffrio a'i goginio am funud bob ochr. Cofiwch ei droi unwaith yn unig, gan ddefnyddio ysbodol. Os defnyddiwch fforc fe gollwch y maeth o'r cig.

5. Rhowch y cig i sefyll ar blât.

6. Yn ofalus ychwanegwch y brandi at sudd y cig yn y badell ffrio a'i fflamio. Wedyn, ychwanegwch yr hufen a'r stoc cig eidion.

7. Dychwelwch y stecen i'r badell ffrio am funud cyn ei gweini ar blât gyda'r saws drosti. Addurnwch â'r persli.

Cyw Iâr Barbados

3 brest cyw iâr heb groen arnynt

2 lwy fwrdd olew

1 winwnsyn canolig wedi'i
dorri'n fân

2 ewin garlleg wedi'u malu

2 chilli coch cyfan

1"/2.5 cm sinsir wedi'i gratio

1 pupur coch wedi'i sleisio

1 pupur melyn wedi'i sleisio

8 madarchen wedi'u sleisio

½ pinafal heb groen wedi'i
dorri'n ddarnau

2 wydraid gwin gwyn sych

½ tun 14 owns/400g tomatos

½ tun 4 owns/400g llaeth
cneuen goco

3 llwy fwrdd hufen dwbwl

2 lwy fwrdd coriander ffres, neu 2
lwy de coriander sych

halen a phupur

1 llwy fwrdd blawd corn (dewisol)

1 llwy fwrdd dŵr (dewisol)

darnau o leim a choriander ffres

1. Torrwch y darnau brest yn chwarteri.

2. Cynheswch yr olew mewn padell ffrio ddofn a choginiwch y winwnsyn a'r garlleg dros wres cymedrol nes eu bod yn feddal.

3. Ychwanegwch y cyw iâr a'i goginio am 8-10 munud.

4. Ychwanegwch y *chillis*, sinsir, puprau, a'r madarch, a'u coginio am 5 munud.

5. Ychwanegwch y pinafal, gwin, tomatos a llaeth y gneuen goco. Dewch â'r cyfan i'r berw.

6. Gadewch iddo fudferwi am 20 munud nes i'r cig goginio drwyddo ac i'r saws leihau rywfaint.

7. Ychwanegwch yr hufen dwbwl, coriander a halen a phupur. Os dymunwch, gallwch dewychu'r saws gyda'r blawd corn ac un llwy fwrdd o ddŵr.

8. Gweinwch y pryd gyda darnau o leim a choriander ffres.

Cyw Iâr gyda Leim a Choriander

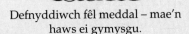
1. Cymysgwch groen a sudd y leim, y garlleg, coriander, gwin a'r olew mewn powlen.

2. Ychwanegwch ddigon o halen a phupur i roi blas a chymysgwch y cyfan eto.

3. Rhowch y cyw iâr yn y cymysgedd ac yna mewn padell grilio. Rhowch y cymysgedd sy'n weddill dros y cyw iâr.

4. Coginiwch o dan y gridyll ar wres uchel am 10 munud bob ochr.

5. Gweinwch efo llysiau o'ch dewis neu salad gwyrdd.

Cyw Iâr gydag Afocado

Digon i 2

2 owns/50g menyn

2 frest cyw iâr – tua 6 owns yr un

pupur a halen

1 shilotsyn wedi'i dorri'n fân

1 gwydraid gwin gwyn

½ cwpanaid hufen dwbwl

2 sbrigyn taragon ffres neu 1 llwy de taragon sych

½ afocado

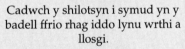

Cadwch y shilotsyn i symud yn y badell ffrio rhag iddo lynu wrthi a llosgi.

Os nad ydych yn hoffi gwin, gallwch ddefnyddio stoc yn ei le.

Defnyddiwch ddail y taragon ffres yn unig.

Peidiwch â thorri'r cyw iâr yn rhy denau neu bydd yn cwympo'n ddarnau.

1. Toddwch y menyn mewn padell ffrio.

2. Ychwanegwch y cyw iâr a'i ffrio am tua 2 funud. Ychwanegwch halen a phupur.

3. Trowch y cig a'i goginio am tua 8 munud. Rhowch orchudd o ffoil neu gaead dros y cyfan i gadw'r gwres i mewn.

4. Tynnwch y cig o'r badell ffrio a'i roi ar blât tra ydych yn paratoi'r saws.

5. Ffriwch y shilotsyn yn araf ac yna ychwanegu'r gwin. Cymysgwch yn dda.

6. Ychwanegwch yr hufen ac ychydig o'r taragon. Coginiwch am 5 munud.

7. Sleisiwch y cyw iâr yn ofalus – dylech gael rhyw 7 sleisen o bob darn o gyw iâr.

8. Tynnwch y croen oddi ar yr afocado a'i sleisio.

9. Trefnwch y cyw iâr am yn ail â'r afocado a gweini'r saws ar ochr y plât.

Peli Twrci

Digon i 6

Cynhwysion y saws:

4 owns/110g ceirios y wern

4 llwy fwrdd sieri

2 llwy fwrdd olew

2 llwy fwrdd siwgr brown

7-8 dropyn tabasco

Cynhwysion y peli twrci:

1 pwys/450g briwgig twrci wedi'i goginio

2 owns/50g cnau Ffrengig wedi'u rhostio a'u malu

1 llwy fwrdd caws parmesan

1 llwy fwrdd olew olewydd

3 choesyn seleri wedi'u torri'n fân

2 ewin garlleg wedi'u torri'n fân

2 lwy fwrdd saws neu jeli ceirios y wern

½ llwy de cwmin

½ llwy de oregano

½ llwy de coriander

halen a phupur

2 wy

4 owns/110g briwsion bara

1. Cymysgwch gynhwysion y saws i gyd gyda'i gilydd mewn sosban, ac yna cynheswch y cyfan ar wres cymedrol am 5 munud, gan wneud yn siŵr bod y siwgr brown wedi toddi i gyd. Rhowch y saws i'r naill ochr.

2. Rhowch y twrci, cnau Ffrengig a'r caws parmesan i gyd mewn powlen a'u cymysgu.

3. Cynheswch yr olew a choginio'r seleri am 2 funud.

4. Ychwanegwch weddill y cynhwysion ac eithrio'r briwsion bara a'u ffrio gyda'i gilydd am 5 munud.

5. Arllwyswch y cymysgedd ar ben y twrci. Trochwch y peli yn yr wyau wedi'u curo ac yna gorchuddiwch â'r briwsion bara cyn eu ffrio mewn olew dwfn.

6. Wedi iddynt frownio tynnwch nhw o'r olew a'u gosod ar bapur cegin.

7. Cyn mynd â'r saig at y bwrdd, arllwyswch y saws dros y peli twrci.

Adenydd Cyw Iâr mewn Garlleg

Digon i 2

1 llwy de hadau coriander

½ llwy de hadau cwmin

¼ llwy de hadau ffenigl

2/3 ewin garlleg mawr heb groen

½ llwy de halen

sudd 2 lemwn

2 lwy fwrdd olew olewydd

12 adain cyw iâr

1. Er mwyn gwella blas y perlysiau, rhowch yr hadau coriander, cwmin a ffenigl mewn padell ffrio fach a'u coginio dros wres cymedrol am ryw 1-1½ munud nes eu bod yn dechrau brownio. Cofiwch symud yr hadau yn gyson yn y badell.

2. Arllwyswch yr hadau i fortar a'u malu â phestl. Ychwanegwch y garlleg a'r halen a'u gweithio i mewn i'r hadau am 1-2 munud.

3. Ychwanegwch y sudd lemwn a'r olew a'u cymysgu.

4. Rhowch yr adenydd cyw iâr mewn dysgl, gorchuddiwch nhw â'r cymysgedd, a'u gadael i sefyll am 5-6 awr gan gofio eu troi o bryd i'w gilydd yn ystod y cyfnod.

5. Trosglwyddwch yr adenydd i ddysgl addas i'r ffwrn a'u coginio am 30 munud: nwy 6, 400°F/200°C. Yna, rhowch nhw mewn tun pobi a'u coginio am 10 munud arall er mwyn gwneud yn siŵr eu bod yn frown golau drostynt.

Pasta a Reis

Lasagne Llysieuol

Digon i 4

4 llwy fwrdd olew olewydd

2 ewin garlleg wedi'u malu'n fân

1 winwnsyn wedi'i falu'n fân

3 choesyn seleri wedi'u sleisio

tun 14 owns/400g tomatos
wedi'u malu

2 lwy fwrdd o bwirî tomato

2 courgettes

halen a phupur

15 haenen pasta lasagne

8 owns/225g caws mosarela

1. I wneud y saws, ffriwch y winwnsyn a'r garlleg yn yr olew nes iddynt droi'n frown golau.

2. Ychwanegwch y seleri a choginiwch y cyfan am 5 munud.

3. Ychwanegwch y tomatos, piwrî tomato, a'r halen a phupur a choginio'r cyfan am 5-10 munud.

4. Ffriwch y *courgettes* am 2 funud mewn padell ar wahân, ac yna eu hychwanegu at weddill y cymysgedd.

5. Llenwch ddysgl ddofn â haenau o basta, haenau o saws, a haenau o gaws. Rhowch haenen o basta ar y top a'i gorchuddio â chaws.

6. Coginiwch y cyfan am 30 munud yn y ffwrn: nwy 4, 350°F/180°C .

Pasta gyda Garlleg a Pherlysiau

1. Coginiwch y pasta am rhyw 9-12 munud mewn dŵr hallt ac ynddo un llwy fwrdd o olew.

2. Cymysgwch y perlysiau i gyd gyda'i gilydd mewn powlen ac ychwanegwch y *fromage frais* a'r garlleg.

3. Pan yw'r pasta'n barod, gwaredwch y dŵr ac yna arllwyswch y pasta i'r bowlen sy'n cynnwys y cymysgedd o berlysiau, *fromage frais*, a garlleg. Cymysgwch y cyfan yn dda gan ychwanegu halen a phupur cyn ei weini.

Digon i 2-3

14 owns/400g pasta fusilli

1 llwy fwrdd olew olewydd

2 lwy fwrdd persli wedi'i dorri'n fân

1 llwy fwrdd oregano ffres wedi'i dorri'n fân

2 lwy fwrdd teim ffres wedi'i dorri'n fân

8 owns/225g fromage frais

1 ewin garlleg wedi'i dorri'n fân

halen a phupur

Tagliatelle Carbonara

pasta tagliatelle

pinsiaid halen

1 owns/25g menyn

pupur

2 ewin garlleg wedi'u torri'n fân

2 sleisen ham

2 owns/50 ml hufen sengl

6 deilen basil ffres wedi'u torri

caws parmesan

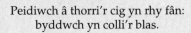

Peidiwch â thorri'r cig yn rhy fân: byddwch yn colli'r blas.

Rhowch ddŵr oer ar y pasta cyn gynted ag y mae'n barod rhag iddo goginio rhagor a glynu wrth ei gilydd. (Mae'r un peth yn wir am reis.)

Mae'n haws torri basil os yw wedi ei rolio'n dynn. Cofiwch ddefnyddio cyllell finiog! Fe allwch ddefnyddio basil sych, ond fydd dim angen llawer arnoch.

1. Coginiwch y pasta mewn sosban o ddŵr berw a phinsiaid o halen. Gynted ag y mae'n barod, rhedwch ddŵr oer i'r sosban nes i'r pasta oeri. Uwchben y sinc tywalltwch y pasta i hidlwr a'i roi i'r naill ochr.

2. Toddwch y menyn mewn sosban ac ychwanegwch y pupur a'r garlleg.

3. Ychwanegwch yr ham wedi'i dorri'n ddarnau sgwâr a chymysgu'r cyfan yn dda.

4. Ychwanegwch yr hufen a'i gynhesu ond peidiwch â'i or-goginio.

5. Ychwanegwch y pasta a'i gynhesu drwyddo yn y saws cyn ychwanegu'r basil.

6. Gweinwch efo ychydig o gaws parmesan.

Paella

1. Gadewch i'r saffrwn sefyll mewn 2 lond llwy fwrdd o ddŵr berw.

2. Toddwch y menyn mewn padell ffrio ddofn neu badell *paella*.

3. Ychwanegwch y cig moch, garlleg a'r winwnsyn a'u coginio ar wres cymedrol nes eu bod yn frown golau.

4. Ychwanegwch y reis a'r saffrwn.

5. Ar ôl tynnu'r esgyrn a'r croen torrwch y cig cyw iâr yn bedwar darn.

6. Ychwanegwch y cig at y reis ynghyd â'r tomatos a'r stoc a chymysgu'r cyfan yn dda.

7. Gadewch i'r cymysgedd fudferwi heb gaead am 20 munud ar wres isel gan ei droi'n gyson rhag i'r reis lynu a llosgi.

8. Ychwanegwch y cynhwysion eraill a choginiwch y cyfan am 10 munud pellach nes i'r cregyn gleision agor ac i'r hylif ddiflannu.

9. Ychwanegwch halen a phupur a gweini'r *paella* gyda darnau o lemwn i'w addurno.

Digon i 4

pinsiaid o saffrwn (dewisol)

2 lwy fwrdd dŵr berw

2 owns/50g menyn

4 sleisen cig moch wedi'u torri'n fân

2 ewin garlleg wedi'u malu

1 winwnsyn canolig wedi'i dorri'n fân

8 owns/225g reis grawn hir

1 pwys/450g cyw iâr wedi'i goginio

1 tun 14 owns/400g tomatos wedi eu torri'n fân

½ peint/300 ml stoc cyw iâr

7 owns/200g tiwna tun heb yr hylif

5 owns/150g cregyn gleision heb gregyn arnynt wedi'u coginio

6 cragen las yn eu cregyn

6 corgimwch pendefig

5 owns/150g corgimychiaid wedi'u plicio

halen a phupur

darnau o lemwn i addurno

Pasta Carla

Digon i 4

4 sgalop cig llo wedi'u
curo'n denau

8 llwy de pesto

4 sleisen ham Parma

8 tomato wedi sychu

2 lwy fwrdd olew olewydd

1 ewin garlleg wedi'i dorri

madarch gwyllt cymysg ar
gyfer garnais

2 owns hylifol/55 ml gwin Marsala

1 pwys/450g tagliatelle

2 lwy fwrdd hufen dwbwl
wedi'i chwipio

1 sbrigyn basil porffor

caws parmesan (garnais)

saws tomato Ragu (garnais)

halen a phupur

1. Gosodwch y sgalopau yn fflat ar y bwrdd ac yna taenwch 2 lwy de o'r pesto drostynt. Rhowch sleisen o ham Parma ar bob un a 2 domato wedi sychu ar ben bob un o'r rheini.

2. Rholiwch y sgalopau a'u lapio'n dynn mewn un darn yr un o bapur gwrthsaim i wneud parseli ohonyn nhw.

3. Coginiwch y sgalopau am 10 munud mewn sosban stemio a'u gadael i sefyll am ryw 5 munud cyn eu torri'n sleisys crwn.

4. Cynheswch yr olew mewn padell ffrio a choginiwch y garlleg nes ei fod yn feddal. Yna ychwanegwch y madarch a'u coginio am 2-3 munud cyn ychwanegu'r gwin Marsala. Coginiwch y cyfan am funud arall. Codwch y madarch o'r badell a'u rhoi i gadw'n gynnes ar gyfer eu defnyddio fel garnais.

5. Coginiwch y pasta mewn dŵr berw gydag ychydig o halen ynddo am rhyw 9-12 munud.

6. Ar gyfer y saws, ychwanegwch 2 lwy de o'r pesto at y cynhwysion eraill yn y badell ac arllwyswch yr hufen wedi'i chwipio iddi. Trowch y cyfan a'i goginio am 2-3 munud.

7. Ar ôl i'r pasta goginio, gadewch iddo ddiferu'n sych mewn hidlydd ac yna ei roi ar blatiau unigol. Gosodwch y saws a'r madarch o amgylch y pasta a'r sleisys o gig llo ar ei ben.

8. Addurnwch y cyfan â sbrigyn o fasil porffor a sleisys tenau o gaws parmesan. I ychwanegu lliw, defnyddiwch drwyn peipio bach i roi 12 smotyn bach o saws *Ragu* ar ben y saws basil a hufen ac yna llusgwch flaen cyllell finiog trwy ganol bob smotyn coch i greu siâp calon.

Llysiau a
Bwyd Llysieuol

Salad Ffrengig

Digon i 4

4 owns/110g lardons (*neu facwn brith wedi'i dorri'n drwchus*)

8 owns/225g tatws newydd bach wedi'u coginio

2 domato wedi'u deisio

1 pupur coch wedi'i ddeisio

1 letysen wedi'i thorri

1 wy wedi'i ferwi'n galed a'i dorri'n chwarteri

Cynhwysion y dresin:

1 llwy fwrdd mwstard Dijon

1 llwy fwrdd finegr gwin gwyn neu finegr mafon

1 shilót wedi'i dorri'n fân

halen a phupur

6 llwy fwrdd olew olewydd

1. Golchwch y letysen a'i sychu'n dda.

2. Ffriwch y *lardons* mewn padell nes eu bod yn frown golau.

3. Hanerwch y tatws os ydyn nhw'n rhy fawr.

4. Ychwanegwch y tatws at y bacwn a'u coginio am 2-3 munud nes bod rhywfaint o liw arnyn nhw, a'u gadael i oeri.

5. Paratowch y saws mewn powlen fach: cymysgwch y mwstard, finegr, shilót, a halen a phupur at eich dant.

6. Chwisgiwch yr olew i'r cymysgedd yn raddol.

7. Rhowch y tomatos, pupur coch, letysen a'r wy gyda'r bacwn mewn powlen fawr.

8. Arllwyswch y dresin dros y salad.

9. Rhowch ar y bwrdd yn syth gyda bara Ffrengig crystiog.

Salad Cesar

1. Golchwch y dail letys a'u sychu'n dda. Yna rhwygwch nhw'n ddarnau bach a'u dodi yn ôl yn yr oergell am hanner awr cyn eu defnyddio.

2. Torrwch y crystiau oddi ar y bara a thorri'r tafelli yn sgwariau bach.

3. Coginiwch y bara mewn padell ffrio gyda'r menyn a'r olew nes bod y bara yn frown golau.

4. Arllwyswch yr olew oddi ar y môr-frwyniaid a'u torri'n ddarnau hanner modfedd.

5. Pan fyddwch yn barod i fwyta'r salad rhowch y letys mewn powlen ac yna ychwanegwch y *croûtons* bara, y môr-frwyniaid, a'r wy wedi ei sleisio.

6. Cymysgwch y cynhwysion ar gyfer y dresin gyda'i gilydd. Ar ôl arllwys y dresin dros y salad, taenwch y caws parmesan dros y cyfan a'i fwyta gyda bara Ffrengig ffres.

Digon i 2

7 owns/200g dail letys cymysg
2 dafell bara
1 llwy fwrdd olew olewydd
2 owns menyn
1 owns/25g môr-frwyniaid
1 wy wedi'i ferwi'n galed
(7 munud)
1 llwy fwrdd caws parmesan

Cynhwysion y dresin salad:
1 llwy fwrdd olew olewydd
1 llwy fwrdd sudd lemwn
1 ewin garlleg wedi'i dorri'n fân
halen a phupur

Cinio Dydd Sul Llysieuol

Digon i 1

1 planhigyn wy
1 courgette
olew neu fenyn i goginio
½ winwnsyn
1 ewin garlleg wedi'i dorri'n fân
3 tomato bîff
2 wydraid gwin gwyn sych
coriander ffres
sudd ½ lemwn
6 asbaragws
2 lwy de cnau pinwydd
2 lwy de iogwrt

1. Torrwch y planhigyn wy a'r *courgette* yn stribedi hir, trwchus ac yna eu rhoi ar blât. Ysgeintiwch ychydig o halen drostynt a'u gadael i sefyll am ryw 15 munud i gael gwared o'r dŵr ohonynt.

2. Torrwch sleisen drwchus o un o'r tomatos bîff a'i rhoi i'r naill ochr.

3. I wneud y saws, cynheswch y menyn mewn sosban a choginiwch y winwns a'r garlleg nes eu bod yn feddal. Ar ôl tynnu hadau a chroen y tomatos, ychwanegwch y tomatos at y winwns yn y sosban. Ychwanegwch halen a phupur a'r gwin ac yna gadewch i'r saws leihau cyn ychwanegu'r coriander ffres a'r sudd lemwn.

4. Cynheswch y badell ffrio a chyda phapur cegin sychwch y dŵr o'r planhigyn wy a'r *courgette* cyn eu coginio'n ysgafn mewn ychydig o fenyn neu olew.

5. Browniwch y sleisen o domato ar y ddwy ochor.

6. Coginiwch yr asbargws mewn dŵr berw hallt am rhwng 5-7 munud

7. Coginiwch y cnau pinwydd mewn ychydig o fenyn a 5 owns hylifol/150 ml o ddŵr am 2-3 munud.

8. Arllwyswch ychydig o'r saws ar blât mawr. Gosodwch 4 sleisen o blanhigyn wy a 4 sleisen o *courgette* bob yn ail o gwmpas y plât a'r sleisen o domato ynghanol y cyfan. Rhowch ychydig o iogwrt ar bob darn o'r planhigyn wy cyn creu patrwm deniadol gyda'r asbaragws a'r cnau pinwydd.

Fondue Caws

1. Rhwbiwch y tu mewn i'r potyn *fondue* gyda'r ewin garlleg wedi'i hollti.

2. Gratiwch y caws yn fras.

3. Cymysgwch y blawd corn gyda'r *kirsch* nes bod y cymysgedd yn llyfn. Dodwch ef i'r naill du.

4. Cynheswch y gwin a'r sudd lemwn yn y potyn nes eu bod ar ferwi, ac yna trowch y gwres i lawr a chymysgwch y caws iddo yn ara' deg gyda llwy bren.

5. Ychwanegwch y cymysgedd o flawd corn a *kirsch* ynghyd â'r pupur a'r nytmeg a throi'r cyfan yn gyson nes ei fod yn tewychu. Dylai'r cymysgedd fod yn llyfn. Cymysgwch fwy o win iddo os oes angen.

6. Trosglwyddwch y potyn i *spirit stove* neu blât cynhesu trydan wrth y bwrdd er mwyn cadw'r cymysgedd yn mudferwi. Mae'r *fondue* yn barod i'w fwyta yn awr gyda'r sgwariau o fara crystiog. Cofiwch droi'r cymysgedd yn y potyn yn rheolaidd yn ystod y pryd a pheidio â gadael i'r *fondue* ferwi.

7. Pan fydd bron y cyfan o'r *fondue* wedi'i fwyta bydd crwst trwchus ar waelod y potyn, a dylid rhannu hwn rhwng y gwesteion.

Digon i 4-6 o bobl

1 ewin garlleg wedi'i dorri'n hanner

12 owns/350g caws emmental

12 owns/350g caws gruyère

2 lwy fwrdd/30 ml kirsch

2 lwy de blawd corn

15 owns hylifol/425 ml gwin gwyn sych

2 lwy de/10 ml sudd lemwn

pinsiaid pupur gwyn ffres wedi'i falu

1 dorth fawr grystiog wedi'i thorri yn sgwariau 1"/2.5 cm

pinsiaid o nytmeg ffres wedi'i gratio

Fel arfer bydd llond plat o winwns wedi'u piclo a gercynau yn cael eu gweini gyda *fondue* caws. Os ydych yn darparu pwdin wedyn, dewiswch salad ffrwythau ffres neu bowlenaid o ffrwythau.

Moron Sgleiniog mewn Saws Oren

1 owns/25g menyn

1 pwys/450g moron wedi'u torri'n stribedi

croen ½ oren wedi'i sleisio a'i dorri'n fân

sudd 1 oren cyfan

2 lwy de siwgr brown

halen a phupur

1. Toddwch y menyn mewn sosban.

2. Ychwanegwch y moron, a chroen a sudd yr oren a chymysgu'r cyfan cyn ychwanegu'r siwgr ac ychydig o halen a phupur.

3. Rhowch gaead ar y sosban, a choginio'r cyfan am 5-10 munud nes bod y moron wedi dechrau meddalu.

Cennin Hufennog a Chnau Almon

1 owns/25g menyn

½ winwnsyn wedi'i sleisio

1 genhinen fawr wedi'i thorri'n ddarnau ½ modfedd

halen a phupur

½ carton bach o hufen dwbwl

cnau almon wedi'u sleisio a'u rhostio'n ysgafn

1. Toddwch y menyn mewn padell ffrio fawr, ychwanegwch y winwnsyn, y genhinen a phinsiaid o halen a phupur, a choginiwch am 3 munud cyn ychwanegu'r hufen.

2. Coginiwch y cyfan am 2-3 munud yn ychwanegol nes bod yr hufen yn dechrau tewychu ryw ychydig.

3. Cyn eu gweini, taenwch y cnau dros y llysiau.

Bresych Coch mewn Saws Gwin

1. Toddwch y menyn, ffriwch y winwnsyn a'r garlleg am 2 funud cyn ychwanegu'r bresych coch.

2. Coginiwch am 2 funud ymhellach cyn ychwanegu'r gwin.

3. Coginiwch y cyfan am 3-4 munud, ac ychwanegwch halen a phupur.

1 owns/25g menyn
½ winwnsyn wedi'i sleisio
2 ewin garlleg wedi'u torri'n fân
½ bresych coch wedi'i sleisio'n fân
4 owns hylifol/110 ml gwin gwyn
halen a phupur

Tomatos Boliog

Digon i 2

4 tomato mawr (bîff os yn bosib)

1 llwy fwrdd olew blodyn yr haul

1 winwnsyn canolig wedi'i dorri'n fân

1 madarchen fawr wedi'i thorri

croen a sudd 1 lemwn bach

1 llwy de hadau cwmin

1 llwy fwrdd cnau wedi eu malu

2 lwy fwrdd mintys ffres wedi'i dorri'n fân

8 owns/225g (neu 2 gwpan) o reis brown neu wyn wedi'i goginio

1-2 lwy de o gaws parmesan

iogwrt Groegaidd

dail mintys fel garnais

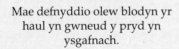

Mae defnyddio olew blodyn yr haul yn gwneud y pryd yn ysgafnach.

1. Torrwch sleisen o dop pob un o'r tomatos a'u rhoi i'r naill ochr.

2. Tynnwch hadau a chnawd y tomatos â llwy de.

3. Twymwch yr olew mewn padell ffrio neu wok, a ffriwch y winwnsyn nes ei fod yn feddal ond heb frownio.

4. Ychwanegwch y fadarchen, croen a sudd y lemwn, yr hadau cwmin, cnau a'r mintys a choginio'r cyfan am 4-5 munud eto.

5. Ychwanegwch y reis a chymysgu'r cyfan yn dda gan ei goginio am 4-5 munud arall a'i droi'n gyson.

6. Ychwanegwch yr halen a phupur a gadewch i'r cymysgedd oeri ychydig.

7. Llenwch y tomatos gyda'r cymysgedd, a'u rhoi mewn dysgl gaserol heb gaead cyn eu hysgeintio â'r caws parmesan.

8. Coginiwch y tomatos am 10-15 munud neu nes y byddant yn dyner a'u copa'n frown golau: nwy 4, 350°F/180°C. (Gofalwch nad ydych yn gor-goginio'r tomatos – bydd hynny'n hollti'r croen).

9. Gallwch eu gweini gyda iogwrt Groegaidd a'u haddurno â dail mintys a chaead y tomatos.

Tomatos a Sbigoglys

1. Torrwch sleisen o dop pob un o'r tomatos a thynnu'r hadau a'r cnawd. Gofalwch rhag torri trwy groen y tomato.

2. Golchwch y sbigoglys a'i osod yn wlyb mewn sosban. Coginiwch ef am 2-3 munud dros wres cymedrol gan ei droi'n gyson nes ei fod yn feddal.

3. Rhowch y sbigoglys mewn hidlwr a gadael i'r dŵr ddiferu ohono cyn ei dorri'n fân. Cymysgwch ef â'r nytmeg, iogwrt, a'r halen a phupur.

4. Cadwch ychydig gylchoedd o'r shilóts yn ôl ond ychwanegwch y gweddill at y sbigoglys a'u cymysgu.

5. Llenwch y tomatos â'r cymysgedd.

6. Cymysgwch y briwsion bara a'r caws a'u taenu dros y tomatos.

7. Rhowch y tomatos mewn dysgl fas a'u coginio am 12-15 munud, neu nes i'r tomatos feddalu ychydig yn y ffwrn: nwy 3, 325°F/160°C . Peidiwch â'u gor-goginio.

8. Gweinwch y tomatos gyda'r cylchoedd winwns.

Digon i 2

4 tomato mawr

8 owns/225g sbigolgys ffres

½ llwy de nytmeg ffres wedi'i gratio

2 lwy fwrdd o iogwrt Groegaidd wedi'i hidlo

halen a phupur

2 shilotsyn wedi'u sleisio'n gylchoedd

1 llwy fwrdd briwsion bara wedi'u tostio

1 llwy fwrdd caws parmesan wedi'i gratio

Pwdin

Pice ar y Maen

1 pwys/450g blawd plaen

4 owns/110g siwgr

1 llwy de hufen tartar

1 llwy de soda pobi

4 owns/110g lard

4 owns/110g margarîn

8 owns/225g cwrens

2 wy

siwgr mân (caster)

2 lwy fwrdd dŵr

Defnyddiwch eich dwylo i gymysgu. Mae'n haws mesur ansawdd y cymysgedd wrth ei deimlo.

Peidiwch â gadael i'r maen gynhesu gormod neu fe fydd y pice yn llosgi.

1. Rhowch y blawd, siwgr, hufen tartar, soda pobi, y lard a'r margarîn mewn powlen. Rhwbiwch y cyfan rhwng eich bysedd nes bod y cymysgedd yn edrych fel briwsion bara.

2. Ychwanegwch y cwrens a chymysgu.

3. Chwisgiwch ychydig ar yr wy cyn ei ychwanegu at y cymysgedd sych. Ychwanegwch y dŵr ac yna cymysgwch y cyfan yn dda a'i adael i sefyll am hanner awr.

4. Rholiwch y cymysgedd yn ysgafn a thorri cylchoedd o faint addas.

5. Cynheswch y maen a rhoi ychydig o saim arno. Rhowch y pice ar y maen. Coginiwch nes eu bod wedi brownio'n ysgafn ac yna eu troi drosodd. Gallwch ddefnyddio padell ffrio i'w coginio os dymunwch.

6. Gorchuddiwch nhw efo ychydig o siwgr mân, a'u gadael i oeri cyn eu gweini.

Byns y Grog

1 pwys/450g blawd plaen
cryf gwyn

1 llwy de halen

6 owns/175g ffrwythau
sych cymysg

1 llwy de sbeis

2 owns/50g siwgr mân (caster)

1 owns/25g burum ffres (neu 2 lwy
de o furum sych)

8 owns hylifol/225 ml llaeth a dŵr
cynnes yn gymysg a 2 lwy
fwrdd ychwanegol

2 owns/50g menyn/margarîn

1 wy

Cynhwysion y croesau:

1½ owns/35g blawd plaen

4 llwy fwrdd dŵr

4 owns/100g siwgr

6 llwy fwrdd o laeth

1. Cymysgwch y blawd, halen, ffrwythau cymysg a'r sbeis mewn dysgl weddol o faint.

2. Mewn basn bach cymysgwch y siwgr, burum a 2 lwy fwrdd o laeth a dŵr cynnes. Gadewch i hwnnw weithio.

3. Curwch yr wy mewn dysgl arall ac ychwanegu cymysgedd y burum ato, ac 8 owns hylifol o'r cymysgedd llaeth a dŵr.

3. Ychwanegwch y cymysgedd gwlyb at y cymysgedd sych.

4. Wedi cymysgu'r cwbl yn dda tylinwch y toes am 5 munud.

5. Ar gyfer y croesau, gwnewch bast o'r blawd a'r dŵr, a defnyddiwch drwyn peipio i osod y croesau.

7. Gorchuddiwch y byns â lliain glân, sych, a'u gadael mewn lle cynnes am ryw awr nes eu bod wedi dyblu mewn maint.

8. Coginiwch y byns am rhyw 20 munud mewn ffwrn dwym: nwy 6, 400°F/200°C .

9. Er mwyn rhoi sglein deniadol arnynt, rhowch y siwgr a llaeth i ferwi gyda'i gilydd a, chyda brwsh, gorchuddiwch y byns â'r cymysgedd o'r sosban tra maen nhw'n dal yn boeth.

Pwdin Bara

1. Taenwch fenyn ar y bara a thorrwch y tafelli yn dri (tynnwch y crystiau os ydych yn dymuno).

2. Rhowch hanner y bara menyn ar waelod dysgl, yna'r siwgr gwyn a'r syltanas ar ei ben, a gweddill y bara menyn ar y top.

3. Cymysgwch yr wyau yn dda ac ychwanegu'r llaeth atynt cyn eu cymysgu eto. Arllwyswch y cyfan dros gynnwys y ddysgl a gadewch i sefyll am 15-20 munud. Cyn rhoi'r ddysgl yn y ffwrn, ysgeintiwch ychydig o siwgr brown ar ben y cyfan.

4. Coginiwch y pwdin am 35-40 munud nes bod y pwdin yn euraid: nwy 3, 325°F/160°C.

Digon i 4

6 tafell bara gwyn
menyn at eich dant
1 owns/25g siwgr gwyn
2 lwy fwrdd syltanas
2 wy
¾ peint/425 ml llaeth
1-2 llwy fwrdd siwgr brown

Crêpes Suzettes

Digon i 8

4 owns/110 blawd plaen
½ peint/275 ml llaeth
1 wy
½ owns/15g menyn wedi toddi
pinsiaid halen
olew i goginio

Cynhwysion y saws:
3 owns/75g menyn
3 llwy fwrdd siwgr brown meddal
2 lwy fwrdd brandi
2 lwy fwrdd Grand Marnier
8 owns hylifol/225ml sudd oren

1. Mewn powlen fawr cymysgwch y blawd a'r llaeth yn dda.

2. Ychwanegwch yr wy, halen a'r menyn wedi ei doddi, a'u cymysgu eto.

3. Rhowch y cymysgedd yn yr oergell am hanner awr cyn ei ddefnyddio.

4. Yn y badell ffrio, cynheswch ½ llwy de o olew ar y tro .

5. Coginiwch y crempogau a'u cadw naill ochor fesul un. (Gwnewch yn siŵr eu bod nhw'n denau.)

6. I wneud y saws, toddwch y menyn mewn padell ffrio ac ychwanegwch y siwgr.

7. Cymysgwch yn dda a gwnewch yn siŵr bod y siwgr i gyd yn toddi. Mae'n bwysig nad yw'r gwres ddim yn rhy uchel.

8. Ychwanegwch 2 lwy fwrdd o frandi a 2-3 llwy fwrdd *Grand Marnier* a'u fflamio; byddwch yn ofalus rhag creu gormod o fflam.

9. Ychwanegwch yr hanner peint o sudd oren, neu os oes gennych amser, gwasgwch sudd orennau ffres i'r badell.

10. Coginiwch y cyfan am 10 munud cyn dodi'r crempogau yn y saws fesul un. Yna plygwch y crempogau yn eu hanner eto.

11. Ar ôl trin y crempogau i gyd gadewch nhw yn y badell i dwymo am 5 munud.

Parseli Nadolig

4 owns/110g caws hufen

3 owns/75g ceirios glacé *wedu'u torri*

3 llwy fwrdd briwfwyd

2 owns/50g afal wedi'i blicio a'i gratio

croen oren wedi'i gratio

24 darn toes filo *wedi'u torri yn sgwariau 6"/15 cm*

2 owns/50g menyn wedi'i doddi

siwgr eisin i addurno

1. Cymysgwch y caws hufen, y ceirios, y briwfwyd, yr afal, a a chroen yr oren gyda'i gilydd mewn powlen.

2. Cymerwch 1 darn o does *filo* a'i frwsio â'r menyn wedi toddi a gosodwch ddarn arall o does ar ei ben.

3. Gosodwch drydydd darn o does ar y top a throwch y corneli i wneud siâp seren.

4. Brwsiwch â menyn wedi toddi a gosodwch ddarn arall o does yn union ar ben y trydydd darn. (Cofiwch gadw gorchudd dros weddill y toes rhag iddo sychu.)

5. Rhowch lwyaid o'r cymysgedd briwfwyd ynghanol y toes.

6. Tynnwch gorneli'r toes at ei gilydd i ffurfio parsel.

7. Ailadroddwch gamau 3, 4, 5, 6 a 7 hyd nes eich bod wedi defnyddio'r toes i gyd.

8. Brwsiwch y parseli â menyn wedi toddi a'u rhoi ar silff bobi yn y ffwrn am 20 munud neu nes eu bod yn frown golau: nwy 6/400ºF/200ºC.

9. Ysgeintiwch y cyfan â haenen denau o siwgr eisin a'u rhoi ar y bwrdd yn gynnes.

Crymbl Eirin Gwlanog

1. Rhowch yr eirin gwlanog mewn dŵr berw am ychydig eiliadau ac yna mewn dŵr oer.

2. Tynnwch y croen oddi ar yr eirin gwlanog a'u torri yn eu hanner. Yna, tynnwch y cerrig a thorri'r ffrwythau'n ddarnau.

3. Rhowch yr eirin gwlanog mewn dysgl fas addas ar gyfer y ffwrn, ac ychwanegu'r sudd oren, sieri a'r mêl.

4. Cymysgwch y bisgedi, syltanas, sinsir, margarîn a'r cnau almon (gan gadw un llwy fwrdd o'r cnau almon wrth gefn).

5. Gwasgarwch y cymysgedd dros yr eirin a choginiwch am 15-20 munud yn y ffwrn: nwy 5, 375°F/190°C .

6. Gwasgarwch weddill y cnau dros y crymbl a'i weini.

Digon i 4

5 eirinen wlanog aeddfed

3 llwy fwrdd sudd oren

1 llwy fwrdd sieri melys

2 lwy fwrdd mêl clir

5 owns/150g bisgedi miwsli wedi'u malu

1 owns/25g syltanas

½ llwy de sinsir mâl

1 owns/25g margarîn wedi'i doddi

2 owns/50g cnau almon mâl

Roulade Briwfwyd Melys

4 wy wedi eu gwahanu

4 owns/110g siwgr mân

8 owns/225g briwfwyd melys

4 llwy fwrdd blawd wedi'i ridyllu

¼ peint/150ml hufen dwbwl

mesur o rwm neu frandi

siwgr eisin

1. Curwch y melynwy a'r siwgr gyda fforc nes bod y cymysgedd yn dew – fel *mousse*.

2. Chwisgiwch y gwynwy nes ei fod yn sefyll yn bigau ond heb fod yn hollol sych.

3. Plygwch y melynwy i'r briwfwyd a'r blawd wedi'i ridyllu. Gan ddefnyddio llwy fwrdd ychwanegwch y gwynwy a'i droi i'r cymysgedd heb ei guro.

4. Taenwch y cymysgedd ar dun pobi *Swiss-roll* 12" x 8" (30cm x 20cm) wedi'i orchuddio â phapur gwrthsaim.

5. Rhowch y briwfwyd i goginio am 10-15 munud yn y ffwrn: nwy 4, 350°F/180°C.

6. Gorchuddiwch eich grid oeri gyda lliain glân, tamp. Trowch y gacen ar y lliain fel bod ei gwaelod ar i fyny. Taenwch liain glân drosti a'i gadael i oeri am 10 munud cyn tynnu'r papur gwrthsaim. Bydd y lliain wedi helpu i'w ryddhau.

7. Trowch y cymysgedd ar bapur gwrthsaim wedi'i ysgeintio â siwgr eisin. Chwipiwch yr hufen mewn powlen, ychwanegwch y rwm neu'r brandi ato a'i gymysgu, ac yna ei daenu dros wyneb y *roulade*.

8. Defnyddiwch y papur gwrthsaim i godi pen y *roulade* ac yna ei rolio; ysgeintiwch ychydig mwy o siwgr eisin arno cyn ei weini.

Gâteau Pic-a-Mics Dudley

3 haenen o gacen sbwng
10"/25.5 cm

jam bricyll

1 peint/500 ml hufen

½ pwys/225g mefus –
wedi'u haneru

mango wedi'i dafellu'n denau

4 llwy fwrdd kirsch

1 pecyn 7 owns/200 gram cnau
almon wedi'u rhostio

1. Gorchuddiwch un haenen o sbwng â haenen o jam bricyll. Ychwanegwch yr hufen. Rhowch fefus o gwmpas yr ochr ac ychydig o'r mango ar wyneb yr haenen.

2. Gosodwch yr haenen nesaf o sbwng yn union ar ben yr haenen gyntaf, a'i gwlychu efo ychydig o *kirsch* ac yna gwneud yr un peth eto efo'r hufen a'r ffrwythau.

3. Rhowch yr haenen olaf o sbwng ar ben y cyfan a'i gorchuddio â hufen.

4. Defnyddiwch gyllell i daenu rhagor o hufen o gwmpas ochr y gâteau.

5. Gorchuddiwch ochrau'r gâteau â'r cnau almon, ac addurnwch dop y gâteau â gweddill y mefus, mango a'r hufen.

Gâteau Mille Feuilles

1. Rhannwch y crwst pwff yn 3 darn hirsgwar. Rholiwch y crwst yn denau, ei roi ar silff bobi a'i goginio am 10 munud yn y ffwrn: nwy 4, 350ºF/180ºC. Gadewch iddo oeri.

2. Chwipiwch yr hufen a'r siwgr eisin mewn powlen; ychwanegwch y *crème pâtissière* a chymysgu'r cyfan.

3. Torrwch y mefus yn ddarnau gan adael ychydig o'r ffrwyth i'r naill ochr ar gyfer addurno'r gâteau.

4. Taenwch y jam, yna'r cymysgedd hufen, ar un haenen o grwst, ac yna'r ffrwyth ynghyd â diferyn o *cointreau* ar ben y cyfan.

5. Gosodwch yr ail ddarn o grwst ar ben y ffrwythau ac ailadrodd cam 4, ac ailadrodd eto gyda'r trydydd darn o grwst.

6. Gorchuddiwch y gâteau â gweddill yr hufen. Gosodwch yr almon ar yr ochrau ac yna rhidyllu'r siwgr eisin ar ben y gâteau a defnyddio rhai o'r mefus i'w haddurno.

1 pecyn 8 owns/225g crwst pwff

1 peint/570 ml hufen chwipio

6 owns/175g siwgr eisin

4 llwy fwrdd crème pâtissière

pwned ½ pwys mefus (neu ffrwyth o'ch dewis)

4 llwy fwrdd jam mefus

2 owns hylifol/55 ml o cointreau

pecyn o gnau almon fflawiog (flaked)

siwgr eisin i addurno

Sleisen Ffrwythau

1 pecyn 8 owns/225g crwst pwff

1 peint/570 ml hufen dwbwl

13 owns/400g ffrwythau cymysg
fel mefus, mafon,
cyrens duon a.y.y.b.

siwgr eisin – digon i orchuddio top
yr hufen

100g cnau almon fflawiog (flaked)

1. Rholiwch y crwst pwff yn weddol denau ac yna ei dorri yn 3 rhan hirsgwar. Gwnewch dyllau bach yn y crwst gyda fforc cyn ei roi i goginio am 10-15 munud yn y ffwrn: nwy 4, 350°F/180°C. Gadewch iddo oeri.

2. Chwipiwch yr hufen a'i roi mewn trwyn peipio. Peipiwch hufen i orchuddio wyneb un darn ac yna ychwanegu haenen o ffrwythau.

3. Gosodwch y darn nesaf o grwst ar ben y ffrwythau a pheipio rhagor o hufen i orchuddio hwn gan ychwanegu haen arall eto o ffrwythau.

4. Gosodwch y darn olaf o grwst yn ei le ar ben y cyfan a pheipio rhagor o hufen dros y sleisen i gyd.

5. Gorchuddiwch yr ochrau â chnau almon wedi'u sleisio a rhowch ysgeintiad hael o siwgr eisin ar ben y sleisen. Os oes gennych sgiwer haearn, twymwch ef yn dda ac yna gwneud patrwm cris-croes ar ben y sleisen wrth i'r siwgr eisin losgi ar yr hufen.

Galette Cnau Ffrengig

2 owns/50g siwgr mân

9 owns/250g margarîn

12owns/350g blawd codi

9 owns/250g cnau Ffrengig wedi'u torri'n fân

3 afal maint canolig wedi'u stiwio

2 owns/50g syltanas

6 owns/175g siwgr brown tywyll

1 llwy de sbeis cymysg

1 peint/570 ml hufen wedi'i chwipio

1. Cymysgwch y siwgr a'r margarîn yn dda mewn powlen.

2. Ychwanegwch y blawd a'r cnau a'u cymysgu i ffurfio toes. Gadewch iddo sefyll yn yr oergell am hanner awr.

3. Rhannwch y cymysgedd yn 2 ran gyfartal a rholio'r 2 ran i greu siâp cylch. Gorchuddiwch wyneb un hanner â chnau wedi malu (hwn fydd rhan ucha'r *galette*).

4. Trosglwyddwch y 2 ran i'r silff bobi a'u rhoi yn y ffwrn am 15-20 munud: nwy 4, 350°F/180°C .

5. Wedi iddynt oeri gosodwch nhw ar grid oeri a'u gadael i sefyll am ryw ½ awr.

6. Defnyddiwch gyllell ddanheddog i lifio hanner uchaf y *galette* yn chwarteri – mae angen bod yn ofalus gan fod y toes yn frau – a thorri'r chwarteri wedyn yn 3 stribed llai. Yna torrwch gylch gyda thorrwr sgoniau o ganol y cylch.

7. Cymysgwch yr afal, syltanas, siwgr brown a'r sbeis cymysg gyda'i gilydd yn dda a thaenu'r cymysgedd ar y cylch gwaelod.

8. Gan ddefnyddio trwyn peipio, rhowch hufen dros y cymysgedd afal.

9. Trefnwch y stribedi toes ar ffurf cloc ar ben yr hufen.

10. Addurnwch y *galette* gyda *rosette* o hufen.

Pwdin Banana a Rwm

1. Toddwch y menyn mewn padell ffrio gan ofalu peidio â defnyddio gwres rhy uchel rhag iddo losgi.

2. Ychwanegwch y siwgr a chymysgwch y cynhwysion yn dda nes bod y siwgr yn toddi.

3. Pan yw'r siwgr yn ffrwtian, ychwanegwch y bananas a'r sinamon a throi'r cymysgedd am 2 funud ar wres isel.

4. Ychwanegwch y rwm a'r *liqueur* banana, ac yna cynnau'r rwm yn ofalus.

5. Cymysgwch y cyfan yn dda a'i weini'n syth.

Digon i 4

4 owns/110g menyn heb halen

4 owns/110g siwgr brown meddal muscovado

6 banana wedi'u sleisio yn eu hanner

½ llwy de sinamon

banana liqueur *os oes peth i'w gael*

3½ owns hylifol/100 ml rwm tywyll

Peidiwch â phoeni os yw'r cymysgedd yn edrych fel pe bai'n gwahanu ar ôl i chi ychwanegu'r bananas; ar ôl ychwanegu'r rwm, bydd ansawdd y cymysgedd yn ymdebygu i driog.

Afalau o'r Alpau

1. Cynheswch y ffwrn: nwy 4, 350°F/180°C.

2. Golchwch a thynnwch galon yr afalau, ac yna torrwch drwy'r croen mewn llinell o amgylch yr afalau ryw ddwy ran o dair o'r ffordd i fyny.

3. Curwch y gwynwy nes ei fod yn bigau meddal, ac yna cymysgwch y cnau a'r siwgr iddo.

4. Gosodwch yr afalau mewn dysgl addas i'r ffwrn, a llenwch hwy â'r cymysgedd o wy, cnau a siwgr. Toddwch y menyn mewn sosban a'i arllwys dros ac o gwmpas yr afalau.

5. Coginiwch yr afalau nes eu bod yn feddal – am tua 40-45 munud, gan iro'r afalau â'r menyn yn y ddysgl o bryd i'w gilydd. Gofalwch nad ydych yn coginio gormod ar yr afalau. Os ydynt yn brownio'n rhy gyflym, gorchuddiwch nhw â phapur gwrthsaim wedi'i iro â menyn.

6. Gweinwch yr afalau yn boeth gyda hufen neu gwstard.

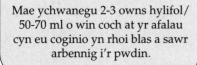

Mae ychwanegu 2-3 owns hylifol/50-70 ml o win coch at yr afalau cyn eu coginio yn rhoi blas a sawr arbennig i'r pwdin.

Mefus mewn Cointreau a Hufen

8 owns/200g mefus

2 lwy fwrdd siwgr eisin

2 owns hylifol/55 ml cointreau

6 owns hylifol/135 ml hufen dwbwl

1. Rhowch y mefus mewn powlen ac ychwanegwch y *cointreau* a'r siwgr eisin. Rhowch y cymysgedd yn yr oergell am 45 munud.

2. Ar ôl i'r cynhwysion oeri, ychwanegwch yr hufen dwbwl a chymysgu'r cyfan. Rhowch y bowlen yn ôl yn yr oergell am 30 munud arall.

3. Tynnwch y pwdin o'r oergell 20 munud cyn ei weini.

Pwdin Mefus

1. Curwch y melynwy yn dda gyda chwisg am tua 10 munud nes bydd y cymysgedd yn tewhau a newid lliw i fod yn felyn golau.

2. Rhowch y dŵr, sudd lemwn a'r siwgr mewn sosban, ychwanegwch y darnau riwbob a rhoi'r cyfan i ferwi am 3 munud. Tynnwch y riwbob allan i oeri.

3. Ychwanegwch y surop riwbob at y melynwy ond byddwch yn ofalus. Peidiwch â gadael iddo gyffwrdd y chwisg na'r bowlen neu bydd yn caledu'n syth ac yn difetha'r cymysgedd. Os byddwch yn ychwanegu'r surop yn rhy gyflym, bydd yr wy yn coginio, felly ychwanegwch ef ychydig ar y tro.

4. Ychwanegwch yr hufen at y cymysgedd a'i droi'n araf a gofalus gyda llwy fawr.

5. Trefnwch y riwbob a'r mefus ar blât. Gorchuddiwch y ffrwythau efo ychydig o saws a siwgr eisin.

6. Cyn ei weini rhowch y pwdin o dan y gridyll ar wres uchel nes bod lliw y saws yn frown golau.

7. Cofiwch ddefnyddio plât sy'n medru gwrthsefyll gwres a chadw llygad ar y pwdin rhag iddo losgi.

---

1 melynwy

4½ owns hylifol/11 ml dŵr

sudd ½ lemwn

4½ owns/110g siwgr

10 owns/275g riwbob wedi ei lanhau a'i dorri'n ddarnau 1"/2.5 cm o hyd

¼ peint/150 ml hufen wedi'i chwipio

10 owns/275g mefus

siwgr eisin i addurno

Sorbet Cyflym Banana a Mafon

1 banana mawr (neu 2 fach)
8 owns/225g mafon wedi rhewi
2 sprigyn mintys ffres

1. Rhowch y banana a'r mafon mewn prosesydd bwyd am 2-3 munud nes i'r ffrwyth droi'n biwrî.

2. Trowch y piwrî i ddysglau bychain a'i addurno a'r mintys.

Ffrwythau Meddal a Chrwst Caramel

4 owns/110g mefus

4 owns/110g mafon

2 lwy fwrdd siwgr mân (caster)

2 owns hylifol/55 ml kirsch

9 owns/250g caws mascarpone

4 owns/110g siwgr brown muscovado golau

1. Torrwch y mefus yn eu hanner a'u rhoi mewn dysgl gyda'r mafon.

2. Arllwyswch y siwgr mân dros ben y ffrwythau ac yna ychydig o *kirsch*. Cymysgwch y cyfan yn dda a'i roi i sefyll yn yr oergell am awr.

3. Nesaf, rhowch y ffrwythau mewn dysglau *ramekin*, un i bob person, gan adael ½" (1 cm) o le ar dop y ffrwythau.

4. Rhowch lond llwy fwrdd o gaws *mascarpone* ar ben y ffrwythau a'u gwasgu i'r ddysgl. Gwnewch yn siŵr bod top y caws yn wastad.

5. Rhowch ddigon o siwgr brown ar ben y caws, a rhoi'r dysglau *ramekin* dan y gridyll am 5 munud nes bod y siwgr wedi carameleiddio.

Hufen Iâ Mefus

1. Rhowch y mefus a'r siwgr mewn hylifydd a gadael iddo droelli nes bod y ffrwythau yn troi'n hylif.

2. Arllwyswch y cymysgedd i bowlen ac ychwanegwch yr hufen a'r sudd lemwn a chymysgwch y cyfan yn dda.

3. Os oes gennych beiriant hufen iâ, rhowch y cymysgedd ynddo a'i adael am 20 munud, neu rhowch y cymysgedd mewn dysgl yn y rhewgell. Cofiwch ei droi bob 30 munud nes ei fod wedi caledu.

2 bwys/900g mefus
1 pwys/450g siwgr eisin
1 peint/570 ml hufen dwbwl
1 llwy fwrdd sudd lemwn

Tiramisu

Digon i 6:

4 melynwy

3 owns/75g siwgr mân

8 owns/225g caws mascarpone

4 owns hylifol/100 ml hufen dwbwl
wedi'i chwipio rywfaint

3 gwynwy

¼ peint/150 ml coffi cryf (espresso
yn ddelfrydol)

3 llwy fwrdd rwm neu frandi
(mwy os dymunir)

2 becyn 7 owns/200g bysedd
sbwng (y rhai a ddefnyddir fel arfer
ar gyfer treiffl)

2 owns/50g siocled plaen
da wedi'i gratio

1 llwy bwdin o bowdwr coco

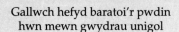

Gallwch hefyd baratoi'r pwdin
hwn mewn gwydrau unigol

1. Curwch y melynwy a'r siwgr nes eu bod yn drwchus ac yn lliw hufen.

2. Cymysgwch y caws a'r hufen wedi'i chwipio a'u troi'n ofalus i'r siwgr a'r wy.

3. Curwch y gwynwy mewn powlen lân nes ei fod yn stiff ac yna plygwch yn ofalus i'r cymysgedd.

4. Cymysgwch y coffi a'r brandi neu'r rwm mewn powlen fas.

5. Trochwch rai o'r darnau sbwng a'u gosod wedyn yng ngwaelod powlen wydr fawr.

6. Taenwch haenen o'r cymysgedd hufen dros y sbwng a rhowch ychydig o'r siocled ar ei ben.

7. Llenwch y bowlen â'r haenau gan orffen gyda'r cymysgedd hufen.

8. Taenwch y siocled sy'n weddill a'r powdwr coco wedi'i hidlo ar yr haen uchaf o hufen.

9. Gosodwch mewn oergell am o leiaf 4 awr, neu dros nos, er mwyn gadael i'r blas aeddfedu.

Hufen Iâ Marmalêd

4 owns/110g siwgr mân (caster)

9 owns hylifol/225 ml dŵr

1 llwy fwrdd sudd lemwn

4 llwy fwrdd marmalêd

10 owns hylifol/250 ml iogwrt plaen (heb siwgr ynddo)

5 owns hylifol/150 ml hufen dwbwl

1. Rhowch y siwgr, dŵr a'r sudd lemwn mewn sosban a chynhesu'r cynhwysion yn raddol nes bod y siwgr wedi toddi.

2. Cynyddwch y gwres fel bod y surop yn berwi.

3. Tynnwch y sosban oddi ar y gwres ac arllwys ychydig o'r surop ar soser oer gan ddefnyddio llwy fwrdd. Os yw'r surop yn crychu ac o ansawdd glud pan fyddwch yn ei wthio'n ysgafn â'ch bys bach, yna fe fyddwch yn gwybod ei fod yn barod. Os yw'r surop braidd yn ddyfrllyd, gadewch iddo ferwi am funud neu ddwy eto ac yna ailadrodd y broses.

4. Ychwanegwch y marmalêd at y surop a'i gymysgu'n dda.

5. Cymysgwch yr iogwrt a'r hufen yn dda. Ychwanegwch y surop atynt ac arllwys y cyfan i beiriant hufen iâ, a'i adael am tua 20 munud. Os nad oes gennych chi beiriant, arllwyswch y cymysgedd i ddysgl addas a'i rhoi yn y rhewgell. Trowch y cymysgedd gyda fforc bob 30 munud nes bydd yr hufen iâ wedi caledu.

Tryffl Siocled Cartref

1. Torrwch y siocled yn ddarnau a'i roi mewn prosesydd bwyd. Malwch y siocled nes ei fod yn ymdebygu i siwgr *granulated*.

2. Rhowch yr hufen, menyn, rwm neu frandi mewn sosban fach a'u coginio nes eu bod yn mudferwi.

3. Trowch y prosesydd bwyd ymlaen fel ei fod yn troi'n araf a gadael i'r cynhwysion droi nes eu bod yn ffurfio cymysgedd llyfn.

4. Ychwanegwch yr iogwrt a chymysgu'r cynhwysion am ychydig eiliadau ymhellach.

5. Gadewch i'r cymysgedd oeri, ei drosglwyddo i fasn, ei orchuddio â haenen lynu a'i osod mewn oergell dros nos.

6. Y diwrnod canlynol, fe gewch fod y cynnwys wedi tewychu. Drwy ychwanegu sinsir wedi'i dorri'n fân, cnau almon neu bowdwr coco plaen gellir defnyddio'r cymysgedd hwn ar gyfer amrywiaeth o dryffls.

5 owns/150g siocled plaen o'r ansawdd gorau

5 owns hylifol/150 ml hufen dwbwl tew

1 owns/125g menyn heb halen

2 lwy fwrdd rwm neu frandi

1 llwy fwrdd iogwrt Groegaidd

Cnau Brasil a Thaffi Menyn

3 owns/75g menyn heb halen

8 owns/225g siwgr meddal brown tywyll

8 owns/225g cnau Brasil

1. Toddwch y menyn mewn sosban. Ychwanegwch y siwgr a chymysgu'r cyfan ar wres isel nes iddo droi'n lliw siocled.

2. Ychwanegwch y cnau ychydig ar y tro, a'u cymysgu nes eu gorchuddio â'r taffi.

3. Defnyddiwch dalp o fenyn i iro plât, ac yna codi'r cnau o'r sosban i'r plât gyda llwy a thyllau ynddi.

4. Ar ôl i'r taffi oeri a chaledu o amgylch y cnau, trosglwyddwch y cyfan i gasys papur bychain.

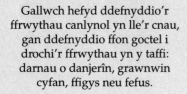

Gallwch hefyd ddefnyddio'r ffrwythau canlynol yn lle'r cnau, gan ddefnyddio ffon goctel i drochi'r ffrwythau yn y taffi: darnau o danjerîn, grawnwin cyfan, ffigys neu fefus.

Geirfa

blawd corn – *cornflour*
blawd cyflawn – *wholemeal flour*
bresych – *cabbage*
caws bwthyn – *cottage cheese*
caws hufen – *cream cheese*
caws mosarela – *mozzarella cheese*
cebab(au) – *kebab(s)*
cegddu – *hake*
ceirios y wern – *cranberries*
cennin syfi – *chives*
cnau almon fflawiog – *flaked almonds*
cnau almon mâl – *ground almonds*
corbenfras – *haddock*
corgimwch pendefig – *king prawns*
corgimychiaid – *prawns*
coriander mâl – *ground coriander*
cwmin – *cumin*
cwmin mâl – *ground cumin*
ffenigl – *fennel*
golwyth(on) – *chop(s)*
gorthyfail – *chervil*
grid oeri – *cooling rack*
gridyll – *grill*
haenen lynu – *cling film*
ham Parma – *Parma ham*
hidlwr – *colander*
hufen chwipio – *whipping cream*
hufen tartar – *cream of Tartar*
hylifydd – *liquidizer*
jam bricyll – *apricot jam*
llaeth cneuen goco – *coconut milk*
maip – *turnip*
marinâd – *marinade*
menyn cnau – *peanut butter*
miwsli – *muesli*

môr-frwyniaid – *anchovies*
olew blodyn yr haul – *sunflower oil*
olew llysieuol – *vegetable oil*
olew olewydd – *olive oil*
owns hylifol – *fluid ounces (fl oz)*
pannas – *parsnips*
papur gwrthsaim – *greaseproof paper*
penfras – *cod*
persli – *parsley*
piwrî tomato – *tomato puree*
planhigyn wy – *aubergine*
pupren (puprennau) – *peppercorn(s)*
radys poeth – *horseradish*
rhidyll – *sieve*
rhidyllu – *to sieve*
rhosmari – *rosemary*
saffrwn – *saffron*
saws Caerwrangon – *Worcester sauce*
saws soi – *soy sauce*
sbigoglys – *spinach*
sgalop – *escalope*
shilót – *shallot*
silff bobi – *baking sheet*
sinsir – *ginger*
sinsir mâl – *ground ginger*
siwgr mân – *caster sugar*
soda pobi – *bicarbonate of soda*
sôs coch – *tomato ketchup*
stecen ffolen – *rump steak*
stêc syrlwyn – *sirloin steak*
teim – *thyme*
trwyn peipio – *piping bag*
ysbinbysg – *seabass*
ysbodol – *spatula*

Mae gennym nifer o lyfrau coginio gwreiddiol a
deniadol ar ein rhestrau. I gael y wybodaeth
ddiweddaraf am ein llyfrau, mynnwch gopi rhad o'n
Catalog newydd, rhad — neu hwyliwch i mewn i'n
safle ar y we: **www.ylolfa.com**.

Talybont Ceredigion Cymru SY24 5AP
e-bost ylolfa@ylolfa.com
y we www.ylolfa.com
ffôn (01970) 832 304
ffacs 832 782
isdn 832 813